Georg Weindl

Radeln

im Rosenheimer Land

Georg Weindl

Radeln

im Rosenheimer Land

Edition Förg

INHALT

* Die Kreisziffern in der Übersichtskarte entsprechen den Tour-Nummern m Inhaltsverzeichnis und im Text.

Grafing
Glonn
Rott am Inn
Inn
Griesst
Vogtar
Ostermünchen
Feldkirchen-Westerham
Groß-karolinen-feld
Prutting
Bad Aibling
Bruckmühl
Rosenheim
Kolbermoor
Seehamer See
A 8
A 93
Miesbach
Raubling
Bad Feilnbach
Hausham
Schliersee
Schlier-see
Brannenburg
Fischbachau
Nußdorf
Inn
Bayrischzell
Oberaudorf
Kiefersfelden
Kufstein
N
0
2,5
5
7,5
10 km

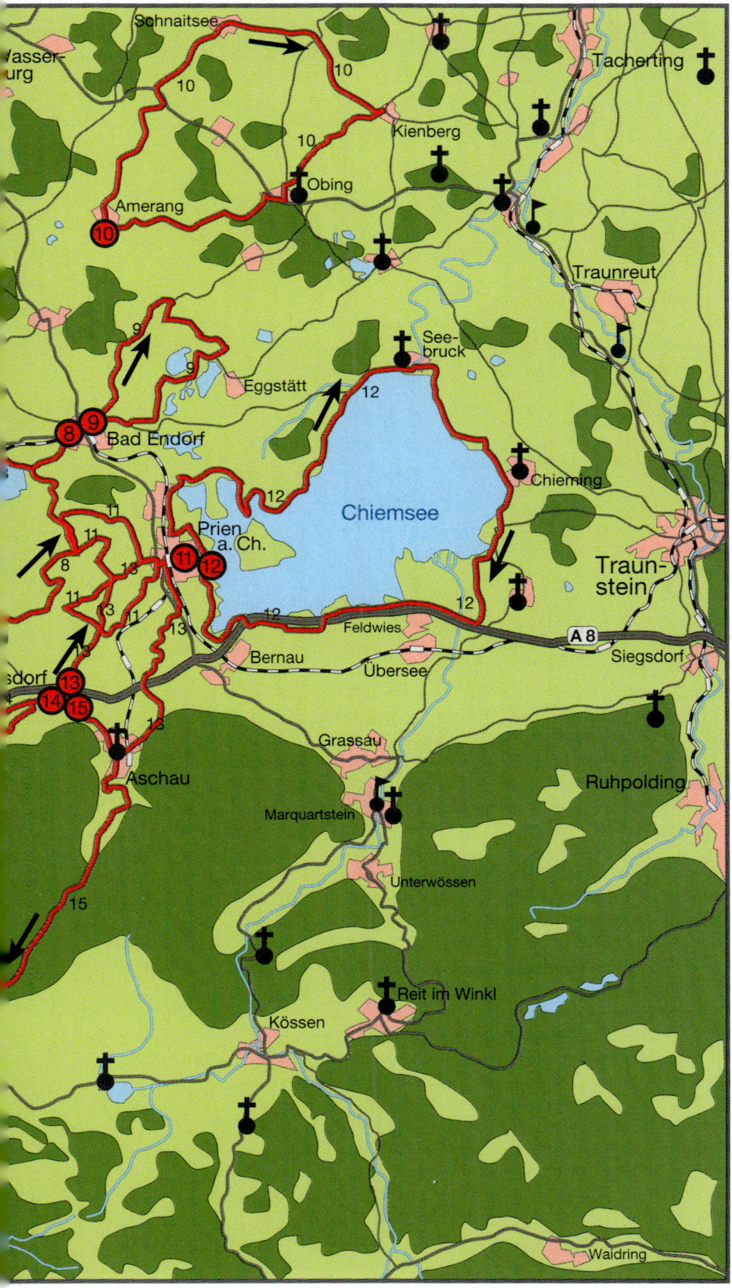

Schnaitsee
Wasser-
urg
Tacherting
Kienberg
Obing
Amerang
Traunreut
See-
bruck
Eggstätt
Bad Endorf
Chieming
Chiemsee
Prien
a. Ch.
Traun-
stein
Feldwies
A 8
Bernau
Siegsdorf
Übersee
sdorf
Grassau
Aschau
Ruhpolding
Marquartstein
Unterwössen
Reit im Winkl
Kössen
Waidring

Warum das Fahrrad ein ideales Transportmittel ist

Es ist noch nicht so lange her, da war ein Fahrrad noch ein Fahrrad. Ein eher minimalistischer Gebrauchsgegenstand, praktisch und funktionell. Von Rennrädern abgesehen, beschränkte sich der Luxus auf Dreigangschaltung und Gepäckträger.

Davon kann heute keine Rede mehr sein. Edle „Bikes" mit Aluminium und Karbon, filigranen Schaltungen und vornehmem Design kosten mitunter so viel wie ein gebrauchter Kleinwagen. Radfahren ist ein Volkssport geworden; denkt man an schneearme Winter zurück, auch ein Ganzjahressport. Fachgeschäfte sind wie Pilze aus dem Boden geschossen, Radreisen ein florierendes Geschäft geworden und Radwege in vielen Regionen ein Urlaubsrenner. Die meisten Touren finden freilich vor der eigenen Haustür statt, was ja grundsätzlich auch nicht schlecht ist, denn die Rosenheimer Region ist mit interessanten Strecken reichlich gesegnet. Und die Landschaft ist ausgesprochen abwechslungsreich, bietet sportliche Bergpassagen, gemütliche Landstraßen, idyllische Wege an See- und Flussufern und sogar die Möglichkeit, mit dem Zweirad eine Schiffstour zu unternehmen. Weil nun der Mensch bekanntlich zum Phlegma neigt, treffen sich halt an schönen Wochenenden auf den bekannten Touren wie etwa rund um den Chiemsee ganze Scharen von Radlern.

Dabei gibt es neben der ohne Zweifel reizvollen Umrundung des „Bayerischen Meeres" ja auch viele andere, weniger bekannte und dabei nicht minder reizvolle Strecken. Vor allem im Norden des Landkreises Rosenheim findet man interessante, abwechslungsreiche und dabei sehr verkehrsarme Straßen, passiert urige Bauerndörfer und findet für die Einkehr gemütliche Wirtshäuser. Aber auch in den südlicheren Gefilden, im Inntal und im Mangfallgebirge lohnt es sich, ein wenig auf die Nebenstraßen zu achten und etliche stille Ecken zu entdecken. So ganz nebenher stößt man auf bislang nicht gekannte Winkel dieser Region. Was eignet sich besser dafür als das Rad!? Man ist schnell genug, um vom Fleck zu kommen. Dabei aber so langsam wieder, dass man die Landschaft erleben und genießen kann. Und dazu ist es ja auch noch gesund

und ausgesprochen preisgünstig im Unterhalt.

Für diesen Reiseführer wurden überwiegend kürzere Radltouren mit relativ geringen Steigungen ausgewählt, die sich auch gut für Senioren und Familien mit Kindern eignen. Bewusst wurde eine Zeitangabe vermieden; dafür ist die Länge der Strecke genannt. Sportlichere Fahrer können manche Touren auch gut miteinander kombinieren und so auf ihre Kosten kommen.

Besonders praktisch kann es sein, die Bahn in die Tourenplanung mit einzubeziehen, sei es zur Abkürzung der Tour oder bei Schlechtwetter oder einfach, um das Auto überhaupt stehen zu lassen. Daher sind in der Rubrik „Verkehrsverbindungen" Bahnhöfe angegeben, die sich zur Anreise, zum Abkürzen oder individuellen Abwandeln der Tour eignen. Im Rosenheimer Land ermöglicht die Rosenheimer Verkehrsgesellschaft die kostenlose Fahrradmitnahme in Zügen, nur Gruppen sollten sich schon vorher anmelden.

Für Ihre Radltour können drei weitere Bändchen aus der Edition Förg wertvolle Tipps für sportliche und kulinarische Freizeitgestaltung geben:

- Oswald Pehel, *Baden im Chiemgau*
- Georg Weindl, *Wirtshäuser im Rosenheimer Land*
- Georg Weindl, *Wirtshäuser im Chiemgau*

So, jetzt die Fahrradtasche packen und losradeln – viel Spaß im Rosenheimer Land!

1) In die Altstadt von Wasserburg

Rosenheim – Wasserburg – Rosenheim (Inntal-Radweg)

Eine Radtour von Rosenheim nach Wasserburg verspricht ein entspannter Ausflug zu werden. Flussabwärts am Ufer entlang, zwischendurch einige Ausflüge ins Hinterland und schließlich zur malerischen Altstadt von Wasserburg als Ziel – ein klarer Fall für Genießer!

Die Fahrt beginnt im Zentrum von Rosenheim am Max-Josefs-Platz. Über die Kaiserstraße geht es nach Norden, dann rechts in die Ellmaierstraße und direkt geradeaus bis zum Innufer beim Krankenhaus. Hier

Auf einen Blick

Start und Ziel: Stadtzentrum von Rosenheim
Verkehrsverbindungen: Bahnhof Rosenheim; Bahnstrecke Rosenheim – Wasserburg Bahnhof mit Bahnhöfen u. a. in Schechen, Rott a. Inn, Wasserburg / Ortsteil Reitmehring
Länge: 30 km (einfach)
Streckencharakteristik: Die erste Hälfte verläuft sehr gemütlich am Innufer. Hinter Griesstätt etliche Passagen auf größtenteils ruhigen Nebenstraßen. Vereinzelte kurze Anstiege.
Höhenunterschied: Ca. 50 m
Sehenswürdigkeiten:
- Benediktinerabtei in Rott
- Dominikanerkloster Altenhohenau
- Pfarrkirche in Griesstätt
- Altstadt von Wasserburg
- Imaginäres Museum in Wasserburg
- Städtisches Museum in Wasserburg
- Freizeitzentrum Badria

Einkehrmöglichkeiten:
- Hubertushof, Altenhohenau, Tel. 0 80 39 / 90 93 67, Montag Ruhetag
- Paulaner-Stuben, Wasserburg, Tel. 0 80 71 / 39 03, Donnerstag Ruhetag

Karten:
- Radeln im Rosenheimer Land und in Tirol, Kartographischer Verlag Huber, Kiefersfelden, 1 : 60 000
- Kompass Wander- und Radtourenkarte Rosenheim / Bad Aibling, 1 : 50 000

Der heilige Nepomuk blickt auf Rosenheims gute Stube, den Max-Josefs-Platz.

wechseln wir auf den Inndamm und fahren gemütlich weiter. An den Sportplätzen vorbei zieht sich der Weg schnurgerade am Fluss entlang. An einigen Altwassern vorbei fahren wir auf dem Damm.

Nach rund 13 Kilometern, kurz vor Rott, verlässt der Weg das Innufer, führt etwas weg und kehrt am Ufer der Rott wieder zurück zu den Innauen. Bald darauf stößt der Weg auf die Straße nach Griesstätt. Wir halten uns rechts, fahren über die Innbrücke und biegen nach einer Steigung links ab. Auf einer schmalen Straße erreichen wir Griesstätt. Dort halten wir uns links und fahren weiter, bis wir in Altenhohenau ankommen. Dort bietet sich eine kurze Rast im Gasthof Hubertushof an, dem ehemaligen Refektorium des Klosters.

Der Radweg führt jetzt nach rechts bis zur Hauptstraße. Dort biegen wir links ein. Nach einem kurzen Steigungsstück geht es rechts ab nach Laiming. Parallel zur Hauptstraße verläuft der Radweg bis Kerschdorf.

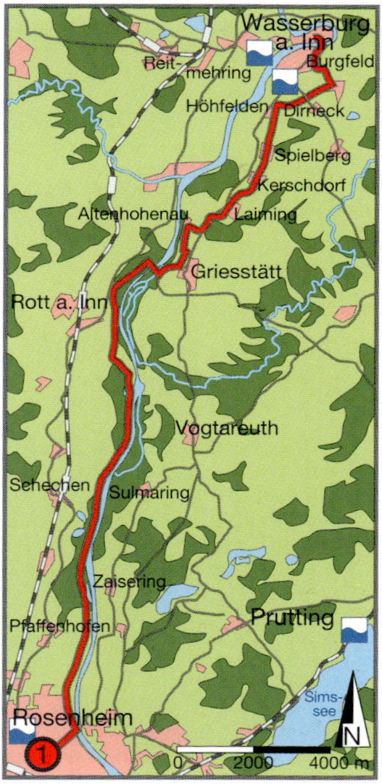

Hier kann man entweder nach links über Spielberg bis Höhfelden fahren und dort rechts nach Dirneck abbiegen. Eine andere Alternative ist der Weg von Kerschdorf über Thalham und Alteiselfing bis nach Dirneck. Hier erkennt man schon die ersten Ausläufer von Wasserburg.

Das letzte Stück führt am Freizeitzentrum Badria vorbei. Auf der Dr.-Fritz-Huber-Straße geht es nun durch den Ortsteil Burgfeld, und bald kommt man direkt bei der Innbrücke an.

Schließlich rollt man durch das Brucktor ins Zentrum von Wasserburg. Nach dem Tor folgen wir der Straße nach rechts und blicken nicht nur auf das alte Rathaus von Wasserburg, sondern auch auf die Straßencafés, die sich für eine Pause anbieten. Einen kurzen Streifzug durch die mittelalterlich geprägte Stadt sollte man auf keinen Fall versäumen.

Und wer seine Tour noch verlängern will, der kann ja am Innufer entlang weiter nordwärts radeln. Eine andere Möglichkeit wäre es, mit dem Ausflugsboot MS Franziska bis Teufelsbrück nördlich von Wasserburg zu fahren. Von dort kann man auf verkehrsarmen Straßen durch die beschauliche Landschaft nördlich von Wasserburg zurückkehren.

Alternativ kann man für den Rückweg auch die Route von Griesstätt über Untermühle, Vogtareuth, Sulmaring und Zaisering über Leonhardspfunzen bis nach Rosenheim auf der Ostseite des Inns wählen, die allerdings nur auf dem letzten Abschnitt von Zaisering bis Rosenheim am Inn entlang führt und direkt an der Innbrücke in Rosenheim endet.

Der Inn umarmt das Zentrum von Wasserburg.

2) Zur Festung Kufstein

Rosenheim – Kufstein – Rosenheim (Inntal-Radweg)

Fast könnte man ihn als Klassiker bezeichnen, den Inntal-Radweg. Schließlich sprechen für ihn auch einige Qualitäten. Da sind einmal die praktisch verkehrsfreien Wege, die Beschaulichkeit entlang des Flusses und seiner Altwasser und schließlich auch einige interessante Orte entlang der Strecke, die man allerdings meist nicht direkt

Das Karmeliterkloster Reisach bei Oberaudorf stammt aus dem 18. Jahrhundert.

kreuzt. Die Abstecher sind in der Regel nur kurz. In diesem Fall fahren wir den Weg innaufwärts bis nach Kufstein. Die nur rund 50 Höhenmeter bedeuten einen sanften Aufstieg, der kaum wahrgenommen wird. Für den Rückweg kann man entweder eine Variante wählen oder aber die Bahn nehmen. Die Verbindungen zwischen Kufstein und Rosenheim sind sehr gut.

Ausgangspunkt ist wieder das Zentrum von Rosenheim. Um ans Innufer zu gelangen, fährt man auf der Kufsteiner Straße stadtauswärts, biegt beim Möbel Krügel links ab und überquert dann die Umgehungsstraße, folgt dann der Happinger Straße bis nach Happing. Über die Seestraße kommen wir an einer Kiesgrube vorbei nach Pfraundorf, biegen dort gleich links ab und erreichen nach

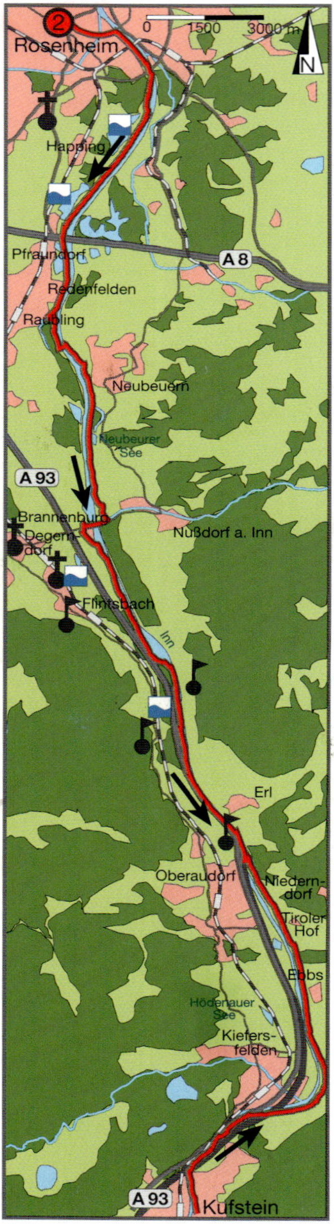

wenigen hundert Metern den Inndamm. Alternativ kann man auf der Innstraße stadtauswärts radeln und an der Innlände auf den Radweg wechseln.

Das war auch schon die komplizierteste Passage dieser Tour. Fortan geht es geradeaus. Zuerst unter der Autobahn hindurch, dann am Inn-Altwasser entlang bis Redenfelden. Der Weg biegt links ab über eine schmale Brücke und stößt bald darauf an die Straße von Kirchdorf nach Neubeuern. Der Weg auf dieser Innseite führt zwar auch ans Ziel, ist aber ziemlich holprig. Bequemer ist es, auf die andere Innseite zu wechseln. An dieser Stelle bietet sich natürlich ein Ausflug zum Marktplatz in Neubeuern an. Ein wunderbarer Ort für eine kurze Rast, auch wenn der Abstecher mit einem sportlichen Anstieg verbunden ist.

Sonst biegt man gleich nach der Brücke rechts ab und folgt dem Radweg, der Neubeuern links liegen lässt. Er führt meist am Wald entlang und kommt bald darauf zum Neubeurer See – eine ideale Gelegenheit für eine kurze Badepause. Bis nach Nußdorf sind es nur noch wenige Minuten. Der Weg auf dem Damm streift später ein Wohngebiet und endet an der Straße von Nußdorf nach Brannenburg. Hier wechseln wir wieder auf die Westseite, fahren dann gemütlich am Inn entlang und kommen am Gletscherschliff bei Flintsbach vorbei. Man erkennt auf der gegenüberliegenden Seite das berühmte Passionsspielhaus in Erl und bewegt sich bald relativ nah an der Autobahn. Allerdings nur für ein kurzes Stück, denn dann kann man an der alten Holzbrücke bei Reisach kurz vor Oberaudorf wieder die Seite wechseln.

Muss man nicht, denn jetzt hat man die Wahl zwischen einer Variante, die über Oberaudorf etwas querfeldein, am Hödenauer See vorbei bis nach Kiefersfelden führt. Die andere Variante wechselt auf die Tiroler Seite und zieht sich schnurstracks nach Süden. Vorbei geht es an der alten Grenze bei Niederndorf, wo man im Tiroler Hof ausgezeichnet speisen kann. Dann folgt Ebbs und in Sichtweite das Freizeitzentrum „Hallo Du". Schließlich nähert man sich den Schanzer Wänden und erreicht die ersten Ausläufer von Kufstein. Der Weg hält sich auch in

Auf einen Blick

Start und Ziel: Stadtzentrum von Rosenheim
Vehrkehrsverbindungen: Bahnhof Rosenheim; Bahnstrecke Rosenheim – Kufstein mit Bahnhöfen u. a. in Raubling, Flintsbach, Oberaudorf, Kufstein
Länge: 32 km (einfach)
Streckencharakteristik: Ruhig und gemütlich fährt man entlang des Innufers. Je nach Variante nur kurze Abstecher auf öffentlichen Straßen.
Höhenunterschied: Ca. 50 m
Sehenswürdigkeiten:
- Marktplatz in Neubeuern
- Karmelitenkloster Reisach
- Hödenauer See
- Dorftheater in Kiefersfelden
- Innfähre bei Ebbs
- Festung Kufstein

Einkehrmöglichkeiten:
- Schneiderwirt, Nußdorf, Tel. 0 80 34 / 45 27, Montag Ruhetag
- Gasthaus Waller, Reisach, Tel. 0 80 33 / 14 73, Montag Ruhetag
- Tiroler Hof, Niederndorf, Tel. 00 43 / 53 73 / 6 12 13, Montag bis Dienstagmittag Ruhetag
- Auracher Löchl, Kufstein, Tel. 00 43 / 53 72 / 6 21 38, kein Ruhetag

Karten:
- Fritsch Wanderkarte, Grenzenlos zwischen König und Kaiser, 1 : 50 000
- Radeln im Rosenheimer Land und in Tirol, Kartographischer Verlag Huber, Kiefersfelden, 1 : 60 000

Die weithin sichtbare Festung ist das Wahrzeichen von Kufstein.

Kufstein am Innufer, unterquert die Autobahn und die Bundesstraße und endet (vorläufig) direkt unter dem Stadtplatz zu Füßen der Burg. Von hier sind es nur ein paar Meter ins Zentrum.

Zum Abschluss der Tour kann man sich der ausgesprochen vielseitigen hiesigen Gastronomie widmen oder einen kurzen Spaziergang zur Burg hinauf unternehmen.

3) Am Fuss des Wendelsteins

Rosenheim – Bad Feilnbach – Bad Aibling – Rosenheim

Nur wenige Kilometer vom hektischen Verkehr in Rosenheim entfernt trifft man auf ruhige, ja geradezu einsame Wege durch Wälder und Wiesen, vorbei an kleinen Bauerndörfern, radelt am Rande der ersten Bergzüge und genießt den Ausblick auf das Voralpenland. Diese Beschreibung trifft auf eine Tour zu, die bei den Einheimischen recht beliebt ist und trotzdem nicht überlaufen. Sie macht einen weiten Bogen über Nicklheim, Großholzhausen und Bad Feilnbach.

Im Zentrum von Rosenheim fahren wir vom Max-Josefs-Platz über die Rathausstraße und die Brianconstraße in die Kufsteiner Straße und verlassen die Stadt in Richtung Süden. Kurz nach der Kreuzung beim Walmart-Supermarkt nehmen wir den Radweg, der neben der Bundesstraße verläuft, bis zur

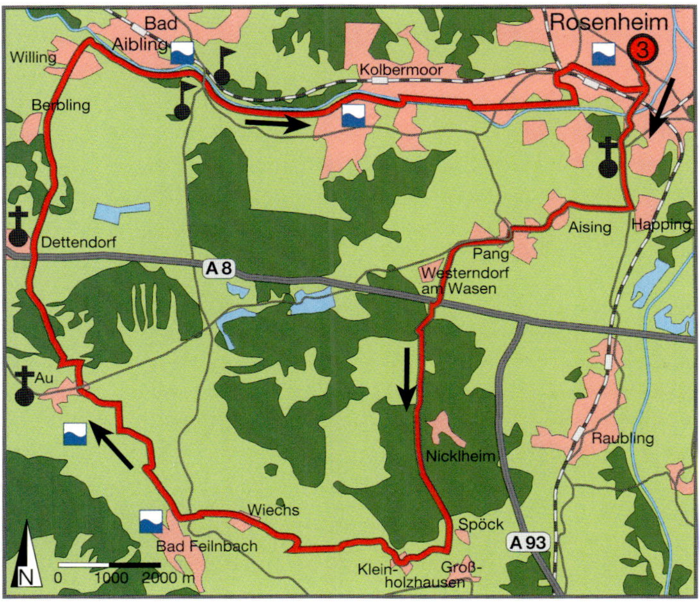

Kreuzung bei Happing und biegen rechts in die Grünfeldstraße ab. Weiter geht es geradeaus bis zum Wohngebiet, dann durch diese Siedlung bis zur Aisinger Kirche. Dort halten wir uns links und fahren bis nach Pang.

Der Umweg über die Grünfeldstraße ist deshalb empfehlenswert, weil die kürzere Strecke auf der Aisinger Landstraße wegen des Verkehrs nicht sehr angenehm ist.

In Pang biegen wir an der Kreuzung bei der Sparkasse links ab, fahren auf der Straße

Blauer Himmel und weißblaue bayerische Landesfarben in Bad Feilnbach.

Am Wasen ortsauswärts und erreichen bald darauf Westerndorf mit seiner markanten Zwiebelturmkirche. Gleich nach der scharfen Rechtskurve biegen wir links in den Kehlweg ein, fahren ein kurzes Stück an den Bauernhöfen vorbei und wechseln dann rechts in den Filzenweg. Nach dem letzten Hof öffnet sich der Blick auf das flache Land und die Bergkette im Hintergrund – ein ideales Revier für gemütliche Radtouren! Geradewegs geht

Auf einen Blick

Start und Ziel:
Stadtzentrum von Rosenheim
Länge: 35 km
Streckencharakteristik: Eine relativ lange Tour, die zum Großteil auf Radwegen verläuft und nur kurze Abschnitte auf öffentlichen Straßen enthält.
Höhenunterschied: Nicht nennenswert
Sehenswürdigkeiten:
- St.-Johannes-Baptist-Kirche in Westerndorf
- St.-Laurentius-Kirche in Wiechs
- Heimatmuseum in Bad Aibling

Einkehrmöglichkeiten:
- Brunnerwirt, Wiechs, Tel. 0 80 66 / 9 05 50, Dienstag Ruhetag
- Gasthof Pfeiffenthaler, Bad Feilnbach, Tel. 0 80 66 / 2 02, kein Ruhetag
- Landgasthof Oberwirt, Berbling, Tel. 0 80 61 / 49 75 60, Montag Ruhetag
- Parkcafé Bihler, Bad Aibling, Tel. 0 80 61 / 9 07 50, Donnerstag Ruhetag

Karten:
- Mangfallgebirge, Bayerisches Landesvermessungsamt München, 1 : 50 000
- Radeln im Rosenheimer Land und in Tirol, Kartographischer Verlag Huber, Kiefersfelden, 1 : 60 000

es nun auf die Autobahn zu. Wir fahren auf der schmalen Brücke weiter in Richtung Nicklheim durch den Wald und kommen bald in dem verschlafenen Ort an. Früher lebte man hier vom Torfabbau, heute hat dieser Wirtschaftszweig an Bedeutung verloren. Vorbei am Torfwerk und dem Sportplatz verläuft unser Weg nach Süden in Richtung Großholzhausen. Kurz nach Spöck biegen wir rechts und dann gleich wieder rechts ab in Richtung Kleinholzhausen. Dort geht es geradeaus durch das Dorf und weiter über Wiechs in Richtung Bad Feilnbach (beschildert). In Wiechs führt der Weg direkt beim Brunnerwirt vorbei, einem äußerlich schlichten Gasthof mit bekannt guter Küche.

In Bad Feilnbach oder, besser gesagt, am Ortsrand dieses Kurstädtchens am Fuß des Wendelsteinmassivs kreuzt die Tour die Straße nach Bad Aibling beim Kistlerwirt. Weiter geht es hinter dem Gasthof nach Nordwesten, dann an der Jenbachhalle vorbei und durch das Moos weiter bis Au. Ähnlich

Idylle unweit der Autobahn: das kleine Dorf Berbling südlich von Bad Aibling.

wie in Bad Feilnbach kreuzt der Radweg die Hauptstraße auf der Höhe eines Gasthofs, diesmal ist es der weithin bekannte Gasthof zur Post.

Über die Kohlbachstraße fahren wir durch das Wohngebiet und folgen dem Radweg weiter nach Norden bis Dettendorf. Kurz nach der Autobahnunterführung zieht sich der Radweg nach Norden neben der Straße auf der Spur der ehemaligen Eisenbahnlinie. Linker Hand sehen wir Berbling etwas oberhalb der Straße und erreichen bald darauf Willing. In Willing geht es weiter auf der Straße nach Bad Aibling, bis wir nach dem Autohändler Boxhammer an der Mangfall rechts in den Radweg einbiegen.

Die letzte Etappe zurück nach Rosenheim verläuft nun schnurstracks auf dem Mangfall-Radweg durch Kolbermoor bis nach Rosenheim. Dort kann man dann entweder an der Äußeren Münchner Straße oder besser etwas später über die Kufsteiner Straße wieder ins Zentrum zurückkehren.

4) Zwischen Innleite und Simssee

Rosenheim – Zaisering – Prutting – Simssee – Rosenheim

Rosenheim liegt eigentlich für Radfahrer strategisch sehr günstig. Schnell hat man das Stadtgebiet hinter sich gelassen und interessantes Touren-Terrain erreicht. Beispielsweise braucht man nur ein paar Minuten stadtauswärts in Richtung Nordosten zu fahren, und schon eröffnen sich wunderbare Ausflugsmöglichkeiten. Radwege und stille Seitenstraßen rund um Hofstätter See und Simssee sind ein ideales Terrain für Radlerausflüge.

Dazu fahren wir vom Max-Josefs-Platz auf der belebten Innstraße über die Innbrücke, biegen gleich dahinter links ab und fahren entweder auf dem Inndamm oder der Innleitenstraße nach Norden. Nach einem Kilometer gabelt sich die Straße,

Auf einen Blick

Start und Ziel: Max-Josefs-Platz in Rosenheim
Verkehrsverbindungen: Bahnhof in Rosenheim
Länge: 30 km
Streckencharakteristik: Sehr abwechslungsreiche Strecke mit Radwegen, zwischendurch auch etwas unbequeme Schotterstraßen und vor allem ruhige Asphaltstraßen. Außer einem kurzen Steilstück kaum Bergaufpassagen.
Höhenunterschied: Ca. 80 m
Sehenswürdigkeiten:
- Max-Josefs-Platz in Rosenheim
- Leonhardsquelle in Bad Leonhardspfunzen
- Strandbad in Baierbach
- Kuriositätensammlung beim Gocklwirt in Baierbach

Einkehrmöglichkeiten:
- Baodwirt, Leonhardspfunzen, Tel. 0 80 31/75 43, Dienstag Ruhetag
- Gasthof zur Post, Prutting, Tel. 0 80 36/3 08 80, täglich 14–17.30 Uhr geschlossen, Sonntagabend und Montag Ruhetag
- Restaurant Gocklwirt, Baierbach, Tel. 0 80 36/12 15, Montag und Dienstag Ruhetag

Karten:
- Chiemsee und Umgebung, Bayerisches Landesvermessungsamt München, 1 : 50 000
- Kompass Wander- und Radtourenkarte, Rosenheim/Bad Aibling, 1 : 50 000
- Radeln im Rosenheimer Land und in Tirol, Kartographischer Verlag Huber, Kiefersfelden, 1 : 60 000

auf der wir uns rechts in Richtung Bad Leonhardspfunzen halten. Vorbei an einigen alten Villen erreichen wir die Quelle in Bad Leonhardspfunzen, fahren am Baodwirt vorbei und kommen auf eine Schotterstraße, die durch den Wald führt und nach einem Kilometer rechts eine Steigung absolviert. Ist man oben angekommen, öffnet sich der Blick auf Wiesen und Felder und die ersten Häuser von Haidbichl. Wir fahren aber noch vorher gleich am Waldrand links nach Zaisering auf einer ruhigen und flachen asphaltierten Straße und behalten den spitzen Kirchturm von Zaisering im Auge. Dort radeln wir geradewegs durch den Ort und bleiben auf der Straße, die nach Buch ausgeschildert ist. Kurz nach dem Zaiseringer Friedhof biegen wir rechts ab Richtung Vogtareuth und orientieren uns an der Beschilderung des Inntal-Radwegs. Nächste Station ist Sulmaring und nach einem weiteren Kilometer Weikering. An der Gabelung fahren wir nicht links nach Vogtareuth, sondern rechts und kommen bald darauf an die Hauptstraße von Rosenheim nach Wasserburg. Hier geht es ein kurzes Stück auf dem gegenüberliegenden Radweg nach rechts, dann gleich links ab in die Straße nach Söchtenau bis zum nächsten Ort.

Nach gut einem Kilometer kommen wir in Straßkirchen an. Dort zweigt rechts eine Straße ab, die nach Rosenheim und Prutting/Rinssee ausgeschildert ist. Hier sind wir wieder auf einer gemütlichen Seitenstraße, auf der kaum Autos unterwegs sind. An der nächsten Gabelung bleiben wir auf der Straße nach Prutting, fahren ein Stück bergauf und kommen bald an eine Kreuzung kurz vor dem Rinssee. Links sieht man das Gut Spöck, einst Landsitz der Unternehmerfamilie März und beliebtes Ausflugsziel von Franz-Josef Strauß.

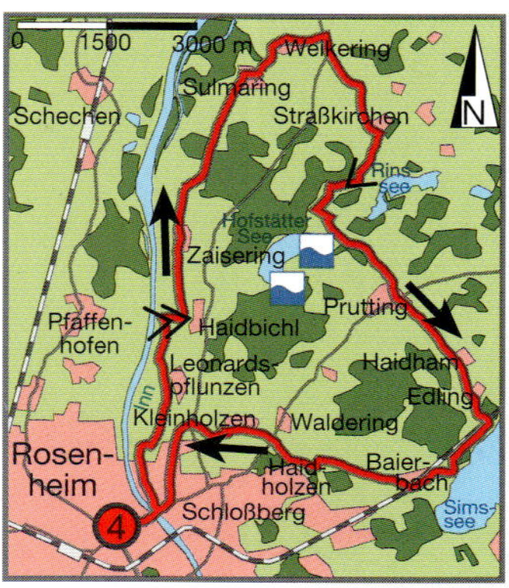

Unser Weg geht jedoch rechts weiter, oberhalb des Sees über Leiten bis zur nächsten Kreuzung vor dem Hofstätter See, verläuft dann links auf der gut asphaltierten Straße an vereinzelten Bauernhöfen vorbei bis nach Prutting. An der großen Kreuzung in Prutting beim Gasthof zur Post geht es geradeaus weiter über die Straße in Richtung Simssee. Der Weg verläuft schnurgerade über Haidham und Edling bis zum Seeufer. Nach der Bahnunterführung fahren wir rechts und folgen der Straße entlang des Simssees bis zum Strandbad Baierbach und weiter bis vor den Gocklwirt. Dort biegen wir rechts in die Bahnunterführung, zweigen rechts nach Baierbach ab und folgen nach einem Linksschwenk im Ort der Straße über die Felder bis nach Schömering. Kurz danach kommen wir am Ortsrand von Haidholzen an eine Querstraße und radeln rechts an der Tennishalle von Waldering vorbei.

Für den Rückweg nach Rosenheim suchen wir uns ruhige Nebenstraßen. Deshalb fahren wir in Waldering an die Hauptstraße von Rosenheim nach Bad Endorf und queren die Straße. Leicht rechts versetzt führt eine kleine Straße weiter zu dem Wallfahrtskirchlein von Kleinholzen und nach Kreut. Kurz danach stoßen wir auf die Straße von Rosenheim über Vogtareuth

Auf dem Weg zum Simssee: Dorfweiher und Pfarrkirche in Prutting.

nach Wasserburg, der wir ja schon einmal begegnet sind. Auch hier überqueren wir sie und nehmen die, die schräg links über Höhenleiten nach Schloßberg führt und oberhalb der Innbrücke am Stadtrand von Rosenheim endet. Dort fahren wir rechts auf den Radweg, lassen es bis zur Innbrücke ausrollen und haben dann nur noch einige hundert Meter auf der Innstraße bis zum Stadtzentrum von Rosenheim vor uns.

Eine Sehenswürdigkeit für sich: die Kuriositätensammlung beim Gocklwirt.

5) Die Irschenberg-Runde

Bad Aibling – Au – Niklasreuth – Bad Aibling

Ganz ohne Berge geht es bei den Radtouren im Rosenheimer Land natürlich nicht. Bei all den eher gemütlichen Radtouren im flachen Land ist ein Ausflug in die Region oberhalb von Au und Dettendorf am Rande des Irschenbergs eine kleine und recht sportliche Abwechslung.

Als Ausgangspunkt bietet sich Bad Aibling an, weil es einerseits zentral liegt und dazu noch eine gute Anbindung über den Radweg von Willing nach Dettendorf besitzt.

Au bei Bad Aibling: Kirche und Kruzifix gehören zum Dorfbild.

Genau so geht es also los, und zwar vom Bahnhof in Bad Aibling nach Willing über die Willinger Straße. In Willing biegen wir kurz hinter der Straße nach Au links ab und fahren auf dem Radweg schnurgerade nach Süden. Nach 1,5 Kilometern geht es rechts etwas den Berg hinauf nach Berbling. Die kleine Schleife über Heinrichsdorf nach Dettendorf ist quasi das Aufwärmtraining für spätere Etappen. An der Kirche und dem Oberwirt vorbei fahren wir ein längeres Stück bergauf bis nach Heinrichsdorf. Gleich hinter der Siedlung biegt links die Straße nach Dettendorf ab. Auf der folgenden Abfahrt durch den Wald kann man sich ja von der vorangegangenen Strapaze etwas erholen.

Direkt an der Autobahn folgen wir der Straße nach links, dann ein kurzes Stück bergauf und rollen nach Dettendorf hinein. An der Kreuzung kurz nach der Kirche nehmen wir die Straße nach Au, unterqueren die Autobahn und biegen gleich rechts

Die Wallfahrtskirche von Wilparting
unterhalb von Irschenberg ist
ein beliebtes Fotomotiv.

nach Sonnenham ab. Eine kaum befahrene, dafür aber recht kurvige und abwechslungsreiche Strecke mit etlichen Abfahrten und Anstiegen.

Kurz hinter Sonnenham wechseln wir nach links auf die Straße nach Au. Jetzt geht es wieder ein längeres Stück bergab bis in den Ort hinein. Gleich nach dem Gasthof Beckenlehner wechseln wir rechts in die Straße, die nach Bad Feilnbach ausgeschildert ist, fahren an der Kirche aber geradeaus und bleiben in der Schmiedgasse.

Links biegen wir in die Niklasreuther Straße ein. Die folgenden 4 Kilometer bis Niklasreuth haben es in sich. Gleich hinter Au steigt die Straße an, und es geht fast ohne Pause bergauf, von einigen kurzen Flachstücken und Abfahrten abgesehen.

Erst kurz vor Niklasreuth wird der Weg wieder etwas flacher. Wir werden aber mit einer herrlichen Landschaft, schmucken alten Bauernhöfen und zwischendurch auch mit einer beeindruckenden Aussicht für alle

Strapazen belohnt. In Niklasreuth führt der Weg gleich rechts etwas abwärts nach Grub. Eine längere Abfahrt und dann vor Grub wieder ein sanfter Anstieg stehen hier auf dem Programm. Beim Gasthof Grub fahren wir nach links und nach gut 200 Metern gleich wieder rechts in die schmale Straße, die nach Großhub ausgeschildert ist. Der schmale asphaltierte Weg macht einen weiten Linksbogen, verläuft am Wald entlang und endet in Poschanger an einem Reitgut. Vor uns liegt die Straße von Miesbach zur Autobahnausfahrt Irschenberg, die wir aber meiden und rechts den kleinen Weg nach Untermoos bevorzugen. Und zwar aus gutem Grund, denn die folgende Strecke ist wirklich idyllisch und abwechslungsreich.

Nach gut 2 Kilometern erreichen wir die Bauernhäuser in Untermoos, biegen links ab und kommen knapp 2 Kilometer später kurz vor Irschenberg an eine Querstraße. Hier fahren wir rechts weiter, danach an der bilderbuchartig gelegenen

Auf einen Blick

Start und Ziel: Bahnhof in Bad Aibling
Verkehrsverbindungen: Bahnhof in Bad Aibling
Länge: 36 km
Streckencharakteristik: Etwas Kondition sollte man für diese Tour auf ruhigen Nebenstraßen schon mitbringen, denn unterwegs hat man die Auffahrt bis Heinrichsdorf und vor allem den langen Anstieg bis Niklasreuth vor sich. Zwischendurch aber gibt es herrliche Landschaften und Ausblicke.
Höhenunterschied: Ca. 500 m

Sehenswürdigkeiten:
- Kirche Hl. Kreuz in Berbling
- Wallfahrtskirche Wilparting

Einkehrmöglichkeiten:
- Landgasthof Oberwirt, Berbling, Tel. 0 80 61 / 49 75 60, Montag Ruhetag, ab März Dienstag und Mittwoch erst ab 16 Uhr
- Gasthof Beckenlehner, Au, Tel. 0 80 64 / 2 14, Dienstag und Mittwoch Ruhetag

Karten:
- Mangfallgebirge, Bayerisches Landesvermessungsamt München, 1 : 50 000
- Kompass Wander- und Radtourenkarte, Rosenheim / Bad Aibling, 1 : 50 000

Kirche von Wilparting vorbei. Jetzt geht es fast nur bergab, bis wir kurz nach Schlachtham links nach Pfaffing abbiegen, die Autobahn überqueren und schließlich auf der gemütlichen Panoramastrecke wieder Heinrichsdorf erreichen, das wir ja schon auf der Hinfahrt passiert haben.

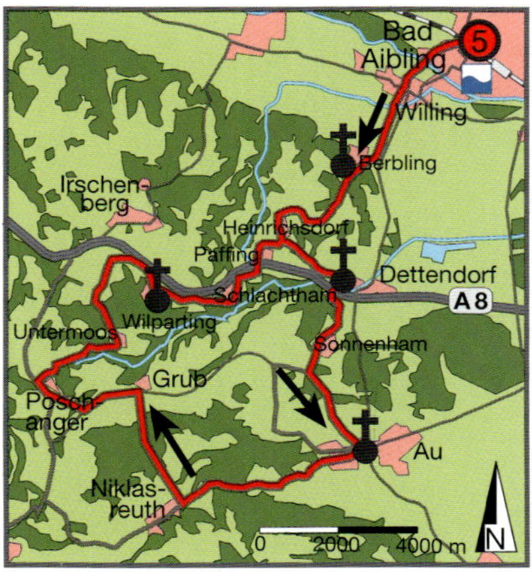

Der nächste Abschnitt bis Berbling besteht fast nur aus Abfahrten. Dort nehmen wir wieder den Radweg neben der Straße und kehren auf dem bekannten Weg über Willing nach Bad Aibling zurück.

6) Nördlich von Bad Aibling

Bad Aibling – Tuntenhausen – Großkarolinenfeld – Bad Aibling

Eine gemütliche Landpartie ist diese Tour nördlich von Bad Aibling. Kaum kommt man aus der Kurstadt heraus, genießt man die beschauliche Landschaft mit abgeschiedenen Dörfern und einsamen Wegen über weite Wiesen und Felder.

Ausgangspunkt ist der Marienplatz im Zentrum von Bad Aibling. In der Kirchzeile fahren wir zunächst ein Stück nordwärts.

Auf einen Blick

Start und Ziel: Stadtzentrum von Bad Aibling
Verkehrsverbindungen: Bahnhöfe in Bad Aibling und Großkarolinenfeld
Länge: 35 km
Streckencharakteristik: Auf ruhigen Seitenstraßen geht es durch das Gebiet zwischen Bad Aibling und Tuntenhausen. Vereinzelte kurze Steigungen stellen keine besonderen sportlichen Ansprüche. Etwas Verkehr gibt es im Bereich von Bad Aibling und Großkarolinenfeld.
Höhenunterschied: Ca. 100 m
Sehenswürdigkeiten:

- Wallfahrtskirche Mariä Himmelfahrt in Tuntenhausen
- Pfarrkirche in Bad Aibling
- Heimatmuseum in Bad Aibling

Einkehrmöglichkeiten:

- Gasthof Kriechbaumer, Ellmosen, Tel. 0 80 61 / 72 02, Mittwoch und Donnerstag Ruhetag
- Bräustüberl Maxlrain, Tel. 0 80 61 / 9 24 22, Mittwoch Ruhetag
- Schlosswirtschaft Maxlrain, Tel. 0 80 61 / 83 42, Montag Nachmittag und Dienstag Ruhetag
- Wirt von Dred, Jarezöd, Tel. 0 80 61 / 16 13, Montag und Dienstag Ruhetag, Mittwoch und Donnerstag erst ab 15 Uhr

Karten:

- Mangfallgebirge, Bayerisches Landesvermessungsamt München, 1 : 50 000
- Radeln im Rosenheimer Land und in Tirol, Kartographischer Verlag Huber, Kiefersfelden, 1 : 60 000

Nördlich von Bad Aibling bieten sich immer wieder herrliche Ausblicke auf die nahen Berge.

Auf der Höhe des Ratskellers, wo die Steigung beginnt, kann man rechts einen ruhigeren Schlenker über einen schmalen Weg machen, der nach wenigen Metern an der Querstraße Am Graben endet.

Weiter geht es links, an der Harthauser Straße wieder links und dann gleich rechts in die Ellmosener Straße. Nun fahren wir etwa 500 Meter, um vor dem Friedhof rechts in die Zeller Straße einzubiegen. Vorbei am Friedhof führt der Weg aus dem Ort hinaus bis zum Weiler Zell, der nur aus einigen Bauernhöfen besteht.

Hier zweigt unser Weg links ab, quert ein Feld und erreicht

nach einem Kilometer Ellmosen. Die Straße schlängelt sich durch die Siedlung, kommt dann an der Dorfstraße an, wo wir rechts fahren.

Gleich nach dem Gasthaus Kriechbaumer kurz hinter der Rechtskurve folgen wir der Straße in Richtung Tuntenhausen, die an der Hauptstraße von Bad Aibling nach Großkarolinenfeld endet. Hier biegen wir links ab und folgen nach wenigen Metern rechts der schmalen Seitenstraße. Nun geht es ganz gemütlich ein wenig bergauf und bergab bis nach Holzhausen.

Unterwegs sieht man links das Schloss Maxlrain und rechts im Hintergrund die Kirchturmspitzen von Tuntenhausen. Das ist auch unsere Richtung, auch wenn wir in Holzhausen an der Gabelung dem linken Weg folgen und dann vor der Steigung links in den schmalen Feldweg abbiegen, der nach Fischbach führt.

Von hier lohnt der etwa 1,5 Kilometer lange Abstecher links nach Maxlrain. Nahe beim Renaissanceschloss laden gleich zwei Gaststätten zu einer gemütlichen Brotzeit ein: die Schlosswirtschaft und das Bräustüberl. Letzteres hat in seinem fahrrad- und kinderfreundlichen Biergarten fast eintausend Plätze zu bieten; man kann dort das Bier aus der Schlossbrauerei genießen und sich von den bisherigen Strapazen erholen.

Wer noch keinen Hunger verspürt, fährt in Fischbach halbrechts weiter nach Jakobsberg. Die Straße ist wieder bequem und gut asphaltiert. Nach dem kleinen Anstieg in Jakobsberg lassen wir die Räder bis zum 500 Meter entfernten Schmidhausen rollen. Von diesem Dorf wechseln wir nun auf die Straße nach Tuntenhausen. Allerdings nur für ein kurzes Stück, denn bald taucht nach einem Waldstück der bekannte Pilger-

ort mit seiner mächtigen Wallfahrtskirche Mariä Himmelfahrt auf.

Am Ortsrand von Tuntenhausen biegen wir vor dem Feuerwehrhaus rechts in die Graf-Arco-Straße ab, fahren am neuen Rathaus vorbei und erklimmen die kurze Steigung vor der Kirche. Neben dem Gotteshaus kann man beim Gasthof Schmid eine Pause einlegen.

Unser nächstes Etappenziel ist Großkarolinenfeld. Dafür fahren wir um die Kirche herum, biegen beim Kriegerdenkmal links ab, folgen dann rechts der Hilpertinger Straße. Nach einem guten Kilometer erreichen wir Brettschleipfen.

Gleich nach dem kleinen Dorf folgen wir rechts der Straße nach Süden. Die Strecke bis Hilperting ist sehr idyllisch, durchquert Waldstücke und weite

Nicht nur das Ziel von Radfahrern: Tuntenhausen mit der mächtigen Wallfahrtskirche.

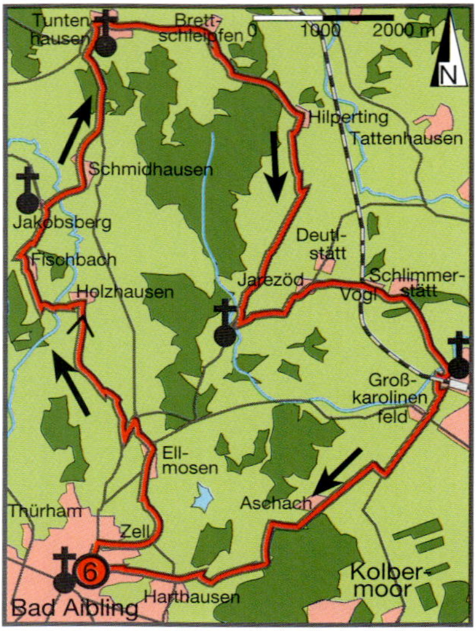

Rechts beginnt die Pfälzerstraße, die uns ins Zentrum von Großkarolinenfeld bringt.

Vor der Kirche am Karolinenplatz radeln wir nach rechts, anschließend unter der Bahn hindurch und bleiben auf der Max-Josef-Straße bis zur Ampelkreuzung.

Wiesen. Der Autoverkehr ist glücklicherweise sehr rar. Unterwegs hat man einen herrlichen Blick auf die Bergkette und kann die Räder gemütlich laufen lassen.

In Ester, das nur aus einer Hand voll Bauernhöfen besteht, biegen wir links ab, fahren bis zur nächsten Kreuzung und radeln dort rechts weiter bis nach Jarezöd. Direkt vor dem Wirt von Dred, einer bekannten Ausflugsgaststätte, geht es nach links ab. Nach dem Übergang der Bahnlinie München – Salzburg kommen wir durch Vogl, fahren dann auf der leicht kurvigen Straße vorbei an Schlimmerstätt und erreichen schließlich den Ortsrand von Großkarolinenfeld.

Weiter geht es geradeaus auf der Kolbermoorer Straße für einen guten Kilometer, bis dann rechts eine schmale Straße abzweigt. Der Aschacher Weg verläuft zunächst geradeaus, dann halten wir uns links und fahren über Aschach weiter in Richtung Bad Aibling.

Der Weg durchquert die Harthauser Filze und erreicht bald Harthausen. In dem Aiblinger Vorort münden wir in die Harthauser Straße, die dort endet, wo die Tour begonnen hat: oberhalb der Kirchzeile vor der Aiblinger Pfarrkirche. Die letzten Meter kann man die Räder den Berg hinabrollen und im Marienplatz auslaufen lassen.

7) Zum Seehamer See

Feldkirchen – Holzolling – Seehamer See – Oberhasling – Feldkirchen

Kaum zu glauben, dass direkt neben der Autobahn München–Salzburg die Gegend rund um den Seehamer See ein herrliches Revier für gemütliche Radtouren ist. Eine sanft hügelige Landschaft mit weiten Wiesen und Feldern, ruhigen Nebenstraßen und verschlafenen Bauerndörfern. Und dazu noch ein paar grundsolide Wirtshäuser für die Einkehr.

Diese Tour beginnt in Feldkirchen im Ortszentrum. Auf der Westerhamer Straße geht es nach Süden, vorbei an der Schule, dann auf einem Radweg auf der linken Seite bis nach Westerham. Kurz nach dem Bahnübergang biegt die Straße nach rechts, und wir fahren gleich nach der Mangfallbrücke links ab in die Naringer Straße.

Etwa einen Kilometer fährt man durch ein Wohngebiet, dann kommt ein kurzes Waldstück, und schließlich verläuft die Straße entlang der Leitzach bis nach Naring. Im Ort kommt man am Gasthof zum Goldenen Tal vorbei, fährt leicht rechts und nach einem Linksbogen weiter bis nach Holzolling. An der Hauptstraße biegen wir nach links und fahren nun gut 700 Meter bergauf, unter der Autobahn durch und dann auf einem flachen Stück bis nach Bruck. An der Kreuzung biegen wir rechts ab

Abendstimmung am Seehamer See.

und gleich wieder links in Richtung Neukirchen.

Nach rund 200 Metern folgen wir links der schmalen Straße nach Kleinseeham, einer kleinen Siedlung mit alten Bauernhöfen. Hier halten wir uns nach rechts und radeln auf einer idyllischen Strecke bis nach Reichersdorf. Gleich nach der Kirche biegen wir links ab und

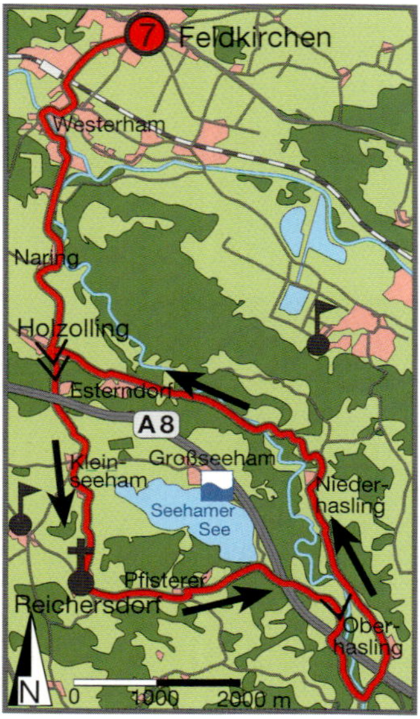

Kirche und Maibaum
gehören auch in Feldkirchen
zum Dorfplatz.

fahren auf einer gemütlichen Straße parallel zum Seeufer rund 2 Kilometer über Pfisterer bis zur nächsten Kreuzung direkt am südlichen Seeufer. Hier kann man einen kurzen Abstecher zum Strandbad machen oder gleich direkt weiter nach rechts abzweigen.

Jetzt geht es für einige hundert Meter bergab, unter der Autobahn hindurch bis Graßau, dann wieder rechts hoch, einmal über die Autobahn rüber, scharf links und durch den Wald bis zu einer Kreuzung, wo unser Weg links in Richtung Vagen abzweigt. Und noch einmal unterqueren wir die Autobahn, erreichen gleich darauf Oberhasling und bleiben leicht links auf der kommoden und breiten Straße. Ein längeres Flachstück folgt entlang der Leitzach bis nach Niederhasling. Kurz nach dem Weiler wechseln wir links auf eine schmale Straße in Richtung Au und Holzolling. Der schmale Güterweg erreicht nach etlichen Kurven den Auerhof, eine Ausflugsgaststätte im Grünen, dreht dann nach links und verschwindet nach einer Brücke im Wald.

Recht schattig ist der folgende Abschnitt bis Esterndorf. Ein kleines Dorf mit blitzsauberen Bauernhöfen und einer Straße, die nun wieder etwas breiter und bequemer ist. Bis Holzolling sind es nur noch ein paar Meter, dann stoßen wir wieder auf die bekannte Strecke unserer Hinfahrt. Als Raststation würde sich nun der Gasthof Kreuzmair mit seinem schönen Gastgarten anbieten.

Für den Rückweg nach Feldkirchen wählen wir wieder die ruhige Straße zurück über Naring bis nach Westerham und weiter an der Schule vorbei bis zum Zentrum von Feldkirchen.

Auf einen Blick

Start und Ziel: Ortszentrum von Feldkirchen
Verkehrsverbindungen: Bahnhof in Westerham
Länge: 28 km
Streckencharakteristik: Größtenteils ruhige und idyllische Tour auf bequemen Nebenstraßen und asphaltierten Güterwegen. Nur ein längerer Anstieg kurz nach Holzolling.
Höhenunterschied: Ca. 60 m
Sehenswürdigkeiten:
- Seehamer See mit Strandbad

Einkehrmöglichkeiten:
- Gasthof zum Goldenen Tal, Naring, Tel. 0 80 63 / 3 28, Montag und Dienstag Ruhetag
- Gasthof Kreuzmair, Holzolling, Tel. 0 80 63 / 3 24, Montag und Dienstag Ruhetag

Karten:
- Mangfallgebirge, Bayerisches Landesvermessungsamt München, 1 : 50 000
- Kompass Wander- und Radtourenkarte, Rosenheim / Bad Aibling, 1 : 50 000

8) Die Simssee-Runde

Bad Endorf – Baierbach – Söllhuben – Bad Endorf

Dass man zu Fuß um den Simssee marschiert, ist in der Gegend um Rosenheim eine recht bekannte Wandertour. Dass man aber auch mit dem Fahrrad den beliebten Badesee umrunden kann, ist nicht minder reizvoll. Und zwar vor allem dann, wenn man einige Umwege auf den Höhen vor allem auf der Ostseite des Gewässers einbezieht. Denn in den schmucken Bauerndörfern rund um Söllhuben und Riedering genießt man einen wunderbaren Blick auf die Berge und die nähere Umgebung und radelt auf stillen Wegen.

Wir starten dazu in Bad Endorf am Bahnhof, was für Autofahrer wegen der Parkmöglichkeiten praktisch und für Bahnfahrer sowieso günstig ist. In der Bahnhofstraße fahren wir in Richtung Kirche und biegen am Rathaus in die Schulstraße, dann in die Friedhofstraße und nach der Bahnunterführung in die Simsseestraße. Neben der Bahnlinie geht es weiter bis nach Bergham, anschließend über Wiesen und Felder bis nach Eichen. Wir biegen hier nach rechts ab und zweigen dann vor der Unterführung nach links, nehmen einen kurzen Anstieg und fahren neben der Eisenbahn entlang am Parkplatz des Fischerstüberls vorbei. Das Lokal wäre zwar etwas früh für eine Pause, die Terrasse oberhalb des Seeufers ist dennoch ein reizvoller Platz.

Kurz darauf kommen wir nach Krottenmühl. Auf der gegenüberliegenden Seite sieht man das Seehaus, eine weitere Einkehrmöglichkeit, etwas weiter links die Trattoria direkt am Seeufer. An Gasthäusern mangelt es am Simssee also nicht.

Weite Wiesen und einsame Uferpartien am Südufer des Simssees.

Unsere Tour führt uns nun weiter am Seeufer entlang bis zum Strandbad in Baierbach, im Sommer ein überaus beliebtes Ausflugsziel und auch für müde Radler eine gute Gelegenheit für eine kurze Erfrischung. Übrigens könnte man auch einen kurzen Abstecher zum Gasthaus Liebl machen, das nur wenige hundert Meter vom Strandbad entfernt ist.

Auf der asphaltierten Straße fahren wir noch ein kurzes Stück weiter bis zum Gocklwirt. Wieder ein gern besuchtes Ausflugslokal, das aber weniger für gebratene Hühner, sondern für seine bunte Kuriositätensammlung bekannt ist.

Für die Weiterfahrt biegt man kurz vor dem Gocklwirt am Parkplatz auf den Rad- und Wanderweg und durchquert das Schilf am Seeufer in einem weiten Linksbogen bis kurz vor Ecking. Am Strandbad geht es dann ein kurzes Stück bergauf bis zur Hauptstraße, wo wir einige Meter nach links fahren und der Abzweigung nach Beuerberg folgen.

Auf einen Blick

Start und Ziel: Bahnhof von Bad Endorf
Verkehrsverbindungen: Bahnhof in Bad Endorf
Länge: 32 km
Streckencharakteristik: Eine recht abwechslungsreiche Runde. Zuerst gemütlich auf Seitenstraßen und Radwegen am Simssee entlang bis Ecking. Dann mit längeren Anstiegen auf ruhigen Straßen über Söllhuben, Parnsberg und am Rande der Ratzinger Höhe zurück.
Höhenunterschied: Ca. 250 m
Sehenswürdigkeiten:
- Strandbad in Baierbach
- Kuriositätensammlung beim Gocklwirt
- Pfarrkirche St. Jakobus in Bad Endorf
- Jodthermalbad in Bad Endorf

Einkehrmöglichkeiten:
- Fischerstüberl, Krottenmühl, Tel. 0 80 53/27 90
- Restaurant Gocklwirt, Baierbach, Tel. 08036/1215, Montag und Dienstag Ruhetag
- Gasthaus zur Post, Söllhuben, Tel. 08036/1266, Dienstag Ruhetag

Karten:
- Chiemsee und Umgebung, Bayerisches Landesvermessungsamt München, 1 : 50 000
- Fritsch Wanderkarte, Grenzenlos zwischen König und Kaiser, 1 : 50 000
- Radeln im Rosenheimer Land und in Tirol, Kartographischer Verlag Huber, Kiefersfelden, 1 : 60 000

Antwort und Hirnsberg (im Hintergrund) liegen nicht weit vom Ostufer des Simssees.

Von dort radeln wir in einem weiten Linksbogen nach Abersdorf, dann weiter rechts hinauf nach Wolferkam. Ein ideales Revier für Radwanderungen sind diese ruhigen Dörfer oberhalb des Simssees, zumal hier auch der Autoverkehr recht moderat ist.

Kurz hinter Wolferkam biegen wir links ab, es ist dann nur noch ein guter Kilometer bis nach Söllhuben. Die Panoramalage oberhalb des Simssees will erkämpft sein. Aber die Mühe wird belohnt. Nicht nur wegen der guten Aussicht, sondern auch, weil man hier einen idealen Biergarten als Rastplatz findet.

Beim Gasthaus zur Post, besser bekannt als Hirzinger, kann man sich stärken und dann den Rückweg in Richtung Bad Endorf antreten. Dazu machen wir einen kleinen Umweg, der vom Gasthaus zunächst nach rechts führt, dann nach gut 50 Metern links abzweigt. Eine schmale Straße führt kurz bergauf bis zu einer kleinen Kapelle, danach geht es gemütlich am Sportplatz vorbei bis nach Parnsberg.

Nach einer kurzen Abfahrt biegen wir beim alten Schloss in Farnach rechts ab und folgen dem Weg nach Ofenwinkl und Anisag. Kurz hinter Anisag verläuft der Weg rechts ein kurzes Stück auf der Hauptstraße und dann nach links in Richtung Ratzinger Höhe.

Über Haimling bis Hitzing folgt ein recht langer Anstieg, dann wählen wir die Abzweigung

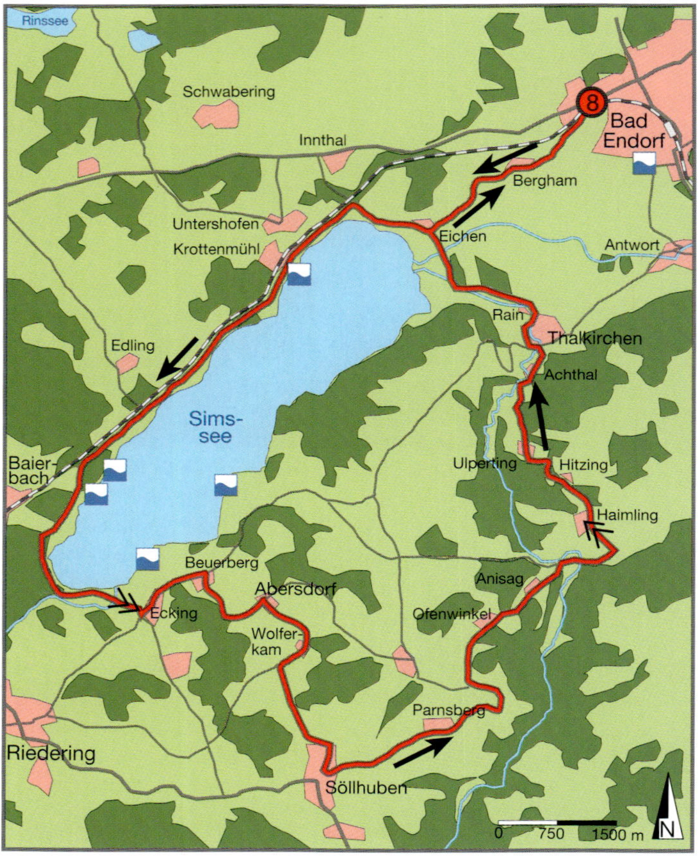

nach links und folgen der Straße durch den Wald hinunter nach Ulperting, danach rechts über Achthal bis Letten an der Straße von Riedering nach Bad Endorf.

Auf der gegenüberliegenden Straßenseite zweigt der Weg nach Rain ab, der durch das Thalkirchner Moos nahe am Simsseeufer bis nach Eichen führt. Nach 2 Kilometern erreichen wir Eichen und biegen nach rechts ab. Über Bergham kommen wir schließlich wieder nach Bad Endorf zurück.

9) Durch die Eggstätter Seenplatte

Bad Endorf – Höslwang – Bachham – Bad Endorf

Eine ideale Sommertour ist diese Runde durch die Gegend nordwestlich des Chiemsees einmal wegen der vielen kleinen Badeseen; und dann auch wegen der urtümlichen Wirtshäuser, auf die man unterwegs trifft.

Start und Ziel ist der Bahnhof in Bad Endorf. In der Eisdiele nebenan gibt es übrigens ein

Die beschauliche Gegend nordwestlich des Chiemsees ist ideal für Radtouren.

leckeres Apfelstrudel-Eis! Auf der Hauptstraße geht es ein kurzes Stück in Richtung Kirche, dann nach rechts in die Katharinenheimstraße. Nach 400 Metern stößt man auf die Hauptstraße nach Seebruck, wo man rechts einbiegt und nach einem kurzen Anstieg links die Seitenstraße in Richtung Teisenham nimmt. Nach einem Kilometer erreicht man den Weiler und folgt an der Kreuzung dem linken Weg in Richtung Höslwang. Weiter geht es auf dieser ruhigen Straße bis nach Almertsham. Dort biegt man nach rechts und fährt weiter bis nach Höslwang.

Majestätisch steht die Kirche von Höslwang und überragt die sanft hügelige Landschaft. Wie es sich für ein bayerisches Dorf gehört, befindet sich neben der Kirche ein Gasthaus. Zum Gast-

Auf einen Blick

Start und Ziel: Bahnhof von Bad Endorf
Verkehrsverbindungen: Bahnhof in Bad Endorf
Länge: 22 km
Streckencharakteristik: Abwechslungsreiche und gemütliche Radtour auf ruhigen Nebenstraßen und unasphaltierten Radwegen. Nur wenige kurze Anstiege.
Höhenunterschied: Ca. 100 m
Sehenswürdigkeiten:
- Pfarrkirche St. Jakobus in Bad Endorf
- Jod-Thermalbad in Bad Endorf

Einkehrmöglichkeiten:
- Gasthof Gehrlein, Höslwang, Tel. 0 80 55/4 83, Mai bis Oktober Montag Ruhetag, Oktober bis Mai Montag und Dienstag Ruhetag
- Gasthof Weißbräu, Bachham, Tel. 0 80 56/3 51, Montag und Dienstag Ruhetag
- Gasthof zum Brandlwirt, Hemhof, kein Telefon, Donnerstag und Freitag Ruhetag

Karten:
- Chiemsee und Umgebung, Bayerisches Landesvermessungsamt München, 1 : 50 000
- Fritsch Wanderkarte, Grenzenlos zwischen König und Kaiser, 1 : 50 000
- Radeln im Rosenheimer Land und in Tirol, Kartographischer Verlag Huber, Kiefersfelden, 1 : 60 000

hof Gehrlein gehört eine Terrasse, von der sich ein herrlicher Blick auf die Landschaft zwischen Höslwang und Chiemsee eröffnet.

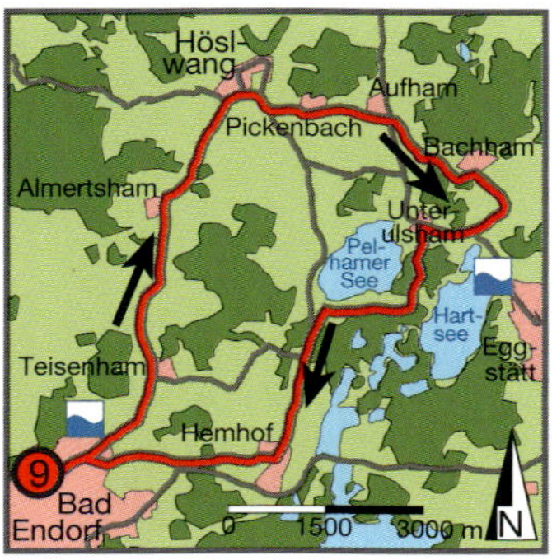

Anschließend rollt man ein kurzes Stück bergab bis zur Hauptstraße, dort nach links, und nach weiteren 200 Metern folgen wir der Straße nach rechts in Richtung Pelhamer See. Weitere 200 Meter später biegen wir nach links ab, fahren über ein Feld nach Pickenbach, kommen an einem Wildgehege vorbei und erreichen bald den Weiler Aufham. Dort überqueren wir die Hauptstraße und folgen halbrechts einem Feldweg bis nach Bachham.

Direkt neben dem alten Sägewerk steht der Weißbräu. Der

schlichte alte Gasthof ist ein beliebtes Ziel und bekannt für seine Fischspezialitäten. Bis vor einigen Jahren wurde dort auch noch Weißbier gebraut, woran auch der Name des Wirtshauses erinnert. Am Sägewerk vorbei führt uns der weitere Weg ein kurzes Stück in Richtung Eggstätt. Bei Unterulsham folgen wir dem Rad- und Wanderweg in Richtung Südwesten, fahren am Westufer des Hartsees entlang, bis der Weg kurz nach der Überquerung der Achen rechts abbiegt und schließlich an der Hauptstraße nördlich von Stephanskirchen endet. Wir folgen dieser Straße nach Süden und erreichen nach gut einem Kilometer die Ortschaft Hemhof.

Hier lohnt sich ein Abstecher zu einem urigen und überaus beliebten Wirtshaus. Etwas versteckt liegt das Gasthaus zum Brandlwirt, das jeder eigentlich unter dem Namen der Wirtin Berta kennt. Über die Seestraße kommt man zum Dorfweg und dann landet man schließlich direkt vor dem alten, gemütlichen Wirtshaus.

Für das letzte Stück zurück nach Bad Endorf fahren wir wieder zur Hauptstraße vor, biegen bei der Schreinerei ab in Richtung Jugendherberge und verlassen auf einem leichten Anstieg das Dorf. Nach einem knappen Kilometer gelangen wir an die belebte Straße von Seebruck nach Bad Endorf, lassen das Rad in den Ort rollen und biegen bald darauf wieder in die Katharinenheimstraße ein. Dann ein kurzer Schlenker nach links, und wir erreichen wieder den Bahnhof des Kurortes.

Übrigens: Ein idealer Abschluss dieser Tour könnte ein Ausflug in das Endorfer Jod-Thermalbad mit seinen Hallen- und Freibecken und Saunaanlagen sein.

10) Ausblick von Schnaitsee

Amerang – Schnaitsee – Kienberg – Amerang

Streng genommen führt diese Tour nicht mehr durch das Rosenheimer Land. Aber weil vor allem an Wochenenden viele Straßen besonders im südlichen Landkreis wegen des Autoverkehrs für Radtouren nicht gerade ideal sind, lohnt sich ein kleiner Ausflug in die Gegend nordwestlich des Chiemsees. Stille Seitenstraßen und verschlafene Bauerndörfer sind eine ideale Kulisse für diese Runde, bei der es neben der beschaulichen Landatmosphäre

auch einiges an Sehenswürdigkeiten gibt.

Ausgangspunkt ist das Ortszentrum von Amerang. Von der Kirche aus fährt man rund 300 Meter auf der Straße in Richtung Wasserburg. Beim Automobilmuseum geht es dann rechts ab nach Kammer.

Die schmale Straße führt geradewegs über Wiesen und Felder und passiert den Landgasthof Suranger. Auf der Hauptstraße kurz hinter Wimpasing fährt man ein kurzes Stück nach links bis Kirchensur. Gut 300 Meter hinter dem Ort zweigt eine kleine Straße rechts nach Schnaitsee ab. Etwa 1,5 Kilometer hinter Kirchensur geht es links und bald darauf wieder rechts. Die Strecke ist mit ihren Kurven und Waldpassagen recht abwechslungsreich.

In Schnaitsee geht es am Sportplatz vorbei, dann etwas bergauf ins Dorf. Man hat von

Für eine Erfrischung unterwegs: der Badestrand des Obinger Sees.

Auf einen Blick

Start und Ziel: Ortszentrum von Amerang
Länge: 35 km
Streckencharakteristik: Sehr vielseitige Tour auf ruhigen asphaltierten Seitenstraßen. Größtenteils flacher Streckenverlauf mit einigen kurzen Steigungen.
Höhenunterschied: Ca. 150 m
Sehenswürdigkeiten:
- Bauernhofmuseum in Amerang
- Automobilmuseum in Amerang
- Strandbad in Obing
- Pfarrkirche in Obing

Einkehrmöglichkeiten:
- Oberwirt, Obing, Tel. 0 86 24/42 96, Mittwoch Ruhetag
- Gasthof Kufner, Obing, Tel. 0 86 24/22 82, Samstag und Dienstag Ruhetag
- Wirt von Amerang, Tel. 0 80 75/18 59 18, kein Ruhetag, Montag – Donnerstag ab 16 Uhr, Freitag – Sonntag sowie Feiertage ab 10 Uhr geöffnet

Karten:
- Chiemsee und Umgebung, Bayerisches Landesvermessungsamt München, 1 : 50 000

Schnaitsee aus einen guten Überblick über die Umgebung und kann sich gleich ein Bild über den weiteren Streckenverlauf machen.

Nach Kienberg sind es 7 Kilometer, von denen das erste Stück eine längere Abfahrt ist. Ziemlich gemütlich verläuft die weitere Fahrt über Harpfing und Kirchstätt bis nach Kienberg, dessen Kirchturm man bald erkennt. Gleich am Ortsanfang biegt man rechts ab nach Obing, fährt auf einer ruhigen Straße vorbei an Wiesen und Wäldern.

In Obing bietet sich ein kurzer Abstecher zum Strandbad an. Die Straße biegt links ab und erreicht nach gut einem Kilometer das Seeufer. Wer sich mehr für Kultur interessiert, sollte die Obinger Pfarrkirche besuchen, in der man einen Altar des Meisters von Rabenden besichtigen kann.

Daneben gibt es in Obing noch einige empfehlenswerte Gasthöfe, die allesamt direkt an der Strecke liegen, wie etwa der gutbürgerliche Oberwirt oder der etwas einfachere Gasthof Kufner.

Konzerte im Schloss Amerang gehören zu den kulturellen Höhepunkten im westlichen Chiemgau.

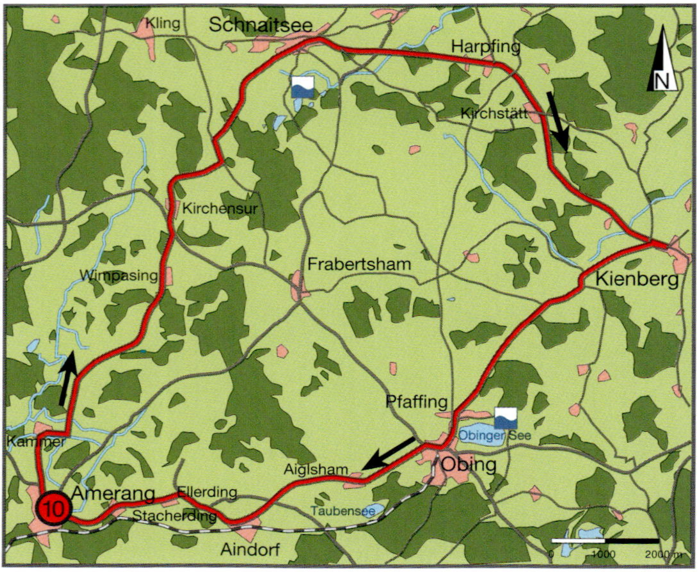

Egal ob mit oder ohne Stärkung, der letzte Abschnitt zurück nach Amerang stellt keine großen sportlichen Ansprüche. An der Kreuzung in Obing fährt man rechts und folgt am Ortsende links der Straße nach Aindorf und Amerang. Vorbei geht es am Taubensee, durch Aiglsham und dann weiter bis Aindorf. Ziemlich ungewöhnlich ist das einzige Wirtshaus im Dorf, das „Zum Koreaner" heißt und entsprechend exotische Speisen offeriert, dennoch oder gerade deswegen aber recht beliebt ist.

Die letzten 3 Kilometer nach Amerang über Ellerding und Stacherding warten mit ein paar Anstiegen auf und belohnen am Schluss noch mit einem schönen Ausblick auf das Tourenziel.

Gemütlich rollt man in den Ort und kann sich hier in einer der auffallend vielen Lokalitäten niederlassen. Vom urigen Wirtshaus über die Pizzeria bis zum eleganten Restaurant ist hier alles vertreten.

11) Auf die Ratzinger Höhe

Prien – Wildenwart – Ratzinger Höhe – Prien

Hier der Chiemsee, dort das Schloss Wildenwart und drüben die Ratzinger Höhe. In dem Dreieck westlich des Bayerischen Meeres kann man auf stillen Seitenwegen vorzügliche Radtouren unternehmen und trotz des Trubels auf den Hauptstraßen in absoluter Ruhe die Landschaft und mitunter auch wunderbare Ausblicke genießen.

Eine detaillierte Karte ist für diese Strecke von Vorteil, damit

Auf einen Blick

Start und Ziel: Ortszentrum von Prien am Chiemsee
Verkehrsverbindungen: Bahnhöfe in Prien am Chiemsee und Vachendorf
Länge: 20 km
Streckencharakteristik: In dieser Tour ist so ziemlich alles enthalten: von gemütlichen Landstraßen, einsamen Feldwegen bis zu steilen Anstiegen und längeren Abfahrten.
Höhenunterschied: Ca. 200 m
Sehenswürdigkeiten:

- Galerie im Alten Rathaus in Prien
- Heimatmuseum Prien
- Pfarrkirche in Vachendorf
- Schloss Wildenwart (nicht öffentlich)

Einkehrmöglichkeiten:

- Schlosswirtschaft Wildenwart, Tel. 0 80 51 / 27 56, Montag und Dienstag Ruhetag
- Gasthaus Stocker, Atzing, Tel. 0 80 51 / 37 16, Mittwoch und Donnerstag Ruhetag
- Weingarten, Ratzinger Höhe, Tel. 0 80 51 / 17 75, Freitag Ruhetag
- Gasthof Werndl, Greimharting, Tel. 0 80 51 / 36 37, Mittwoch Ruhetag

Karten:

- Chiemsee und Umgebung, Bayerisches Landesvermessungsamt München, 1 : 50 000
- Fritsch Wanderkarte, Grenzenlos zwischen König und Kaiser, 1 : 50 000
- Radeln im Rosenheimer Land und in Tirol, Kartographischer Verlag Huber, Kiefersfelden, 1 : 60 000

man bei den zahlreichen Kreuzungen und Abzweigungen nicht die Orientierung verliert. Aber es lohnt sich, die stillen und urtümlichen Seiten dieser Ecke kennen zu lernen. Und was eignet sich besser dazu als das Rad?

Los geht es in Prien vor dem Kurhaus. Auf der Alten Rathausstraße fahren wir bis zur Rechtskurve am Ortsende, biegen links in die Beilhackstraße ein. An der Spielkartenfabrik F. X. Schmid vorbei radeln wir nach Trautersdorf, kommen dort zum Widerhof, einem alten Bauernhof aus dem Jahr 1753, und fahren weiter am Vita Parcours vorbei in Richtung Golfplatz.

Über Wiesen und Felder geht es auf der ruhigen Straße bis nach Griebling und Leiten, am Golfplatz entlang dann bis Vachendorf mit seiner barocken Pfarrkirche aus dem 17. Jahrhundert. Nach einer Senke folgen wir der Abzweigung nach Wildenwart, passieren die Mühle von Rain und erreichen nach einem kurzen Anstieg schließlich Wildenwart. Rechts das Schloss, das leider nicht be-

Die Ratzinger Höhe ist der Aussichtsbalkon für die Gegend um den Chiemsee.

sichtigt werden kann und im Besitz der Wittelsbacher ist, und links die gemütliche Schlosswirtschaft mit ihrer anerkannt guten Küche.

In Wildenwart folgen wir gut 100 Meter links der Straße nach Frasdorf und biegen dann gleich rechts ab in Richtung Pfifferloh. In Brandenberg folgen wir der Straße nach rechts und absolvieren den kurzen Anstieg bis Stupfa. Dann bergab und kurz bergauf bis Siegharting und schließlich nach einer langen Rechtskurve über Stetten weiter bis Atzing.

Dort kann man beim Gasthof Stocker eine kurze Rast einlegen oder gleich weiter nach links in die Arbinger Straße einbiegen. Kurz nach dem Sportplatz erreichen wir eine Querstraße. Hier kann man entweder geradeaus den Radweg durch den Wald bis nach Zacking nehmen oder, wer lieber auf asphaltierten Straßen fährt, rechts und dann an der nächsten Kreuzung wieder links fahren.

In beiden Fällen landet man an der Straße von Riedering nach Prien zu Füßen der Ratzinger

Höhe. Weiter geht es auf dieser belebten Straße ein kurzes Stück nach links bis zur Abzweigung nach Haimling und Hitzing auf der rechten Seite. Der folgende Anstieg auf die Ratzinger Höhe ist ausgesprochen sportlich, entschädigt aber mit einer herrlichen Fahrt auf dem Höhenzug und entsprechenden Aussichten auf die Umgebung. Unterwegs taucht nicht nur der Simssee zur Linken auf, man passiert auch den Weiler Ratzing, den Namensgeber für den markanten Höhenzug.

Eine Belohnung für die Mühe ist auch die lange Abfahrt bis nach Greimharting, wobei schon im Hintergrund Prien und der Chiemsee erkennbar sind. Dort kann man rechts in den Ort einbiegen und beim Gasthof Werndl eine Pause einlegen.

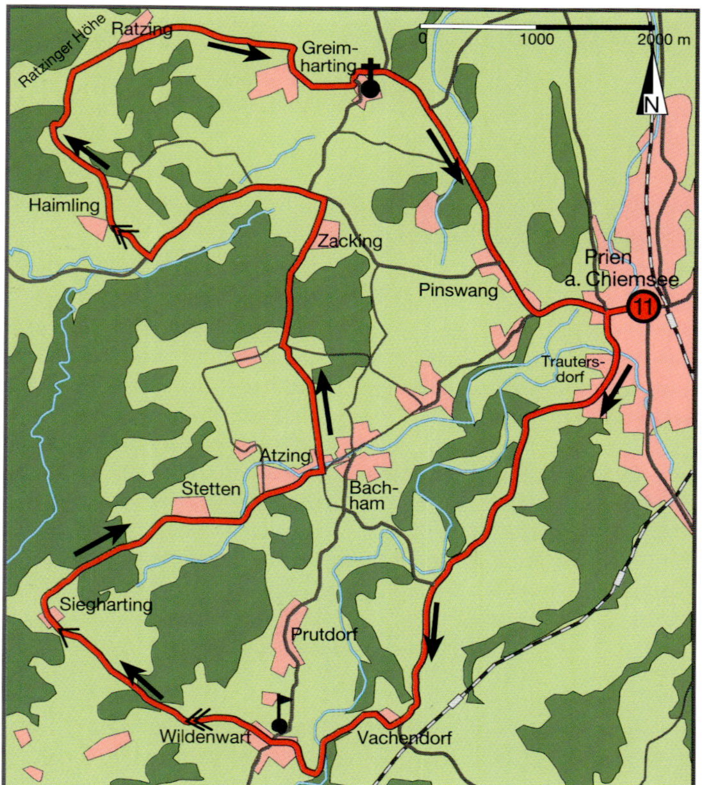

Die größten Mühen hat man nun hinter sich. Auf den letzten 3 Kilometern bis Prien fährt man bei Greimharting wieder auf die Hauptstraße und lässt es kommod bergab rollen.

Vor Pinswang geht es ein letztes Mal bergauf, dann am Café Berger vorbei und wieder abwärts bis zur Kreuzung. Dort biegt man links ab, fährt ein weiteres Mal bergab und landet am Ortsrand von Prien und wieder direkt in der Alten Rathausstraße.

Schloss Wildenwart gehört den Wittelsbachern, die dort auch unter sich sein wollen.

12) Rund um den Chiemsee

Prien – Seebruck – Chieming – Prien

Wenn es einen Klassiker unter den Radtouren in dieser Region gibt, dann ist es ohne Zweifel die Fahrt rund um den Chiemsee. Das ist ja auch kein Wunder, denn diese Tour ist landschaftlich wirklich reizvoll und dazu noch mit etlichen Sehenswürdigkeiten und Möglichkeiten für kurze Abstecher, zum Beispiel auf eine der Inseln, bestückt. So ist es nahe liegend, dass man an schönen Wochenenden auf diesem gut 60 Kilometer langen Weg nicht alleine ist.

Etwas Vorsicht ist unterwegs schon angebracht. Aber die

Runde um das Bayerische Meer ist ja auch eine gemütliche Sache und keinesfalls für sportliche Ambitionen geeignet. Dazu wäre sie auch viel zu schade.

Die Fahrt beginnt in Prien. Vom Ortszentrum fahren wir unter der Eisenbahnunterführung hindurch Richtung Stock und Dampferanlegestelle (wer mit dem Auto anreist, findet in Hafennähe reichlich Parkmöglichkeiten). Dann biegen wir nach links (nördlich) ab, fahren an der Klinik St. Irmengard und dem Warmbad vorbei und orientieren uns an der Beschilderung „Chiemsee-Uferweg".

Nach der Überquerung der Prien halten wir uns links und meiden den für Fußgänger reservierten Uferweg. Hinter dem Sportplatz geht es dann links weiter nach Schafwaschen. Nach der idyllischen Bucht mit alten Bauernhöfen biegen wir rechts in die Straße nach Breitbrunn, die wir nach gut 50 Metern verlassen, und durchqueren die Schilflandschaft am Seeufer.

Für Familien ist die Chiemsee-Tour eine ideale Strecke. Man muss ja nicht den ganzen See umrunden.

Begegnungen am Nordufer des Chiemsees: Erlebnisradeln der traditionellen Art.

Der Radweg quert die Straße nach Sassau, streift die Kailbacher Bucht und erreicht die Landzunge von Urfahrn. Dort biegen wir links ab in die Königstraße, danach gleich wieder rechts durch das Gelände des Yachtklubs und schließlich weiter zum Breitbrunner Segelhafen. Durch waldreiches Ufergelände geht es weiter bis nach Gstadt und vorbei an der Bootsanlegestelle.

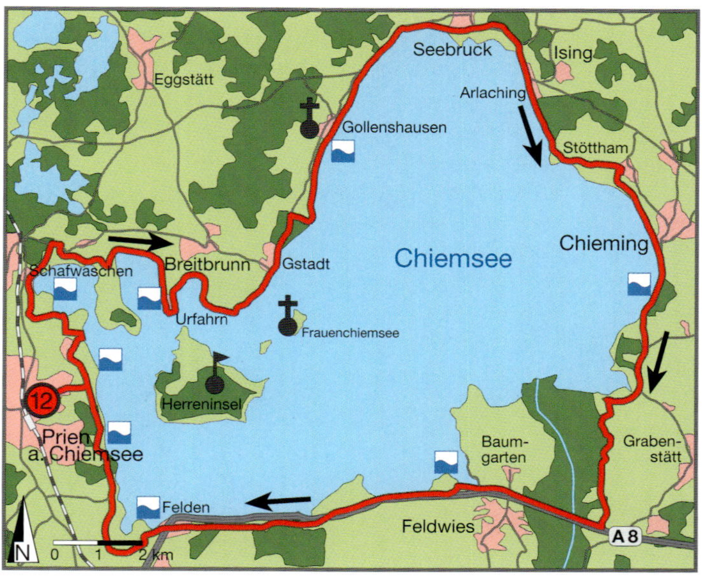

An dieser Stelle ließe sich ein kurzer Schiffsausflug auf die idyllische Fraueninsel einfügen. Allerdings herrscht dort Radfahrverbot. Doch ein Spaziergang mit einer Besichtigung des Klosters, der Münsterkirche und einer Einkehr bei einem der Inselfischer ist eine reizvolle Abwechslung.

Doch zurück zum Uferweg. Von Gstadt fährt man weiter kurz bergauf auf der Hauptstraße und biegt in den Radweg ein. Kurz vor Schalchen wechselt der Weg wieder zum Seeufer hin, passiert das Strandbad und erreicht bald darauf Seebruck. Nach der Alzbrücke folgt der Weg der Uferpromenade und führt weiter nach Arlaching.

Dort bietet sich ein Abstecher nach Ising hinauf an, wo man in dem eleganten Landgasthof eine kurze Rast einlegen kann.

Der Uferweg indes führt über Schützing und dem Campingplatz Seehäusl bis nach Chieming. Dort fährt man in die Irmingardstraße, dann in die Stötthamer Straße bis zum Unterwirt und folgt der Hauptstraße bis zum Minigolfplatz. Der Uferweg verläuft anschließend am Campingplatz vorbei und hält sich direkt nach Süden.

Auf einen Blick

Start und Ziel: Ortszentrum von Prien
Verkehrsverbindungen: Bahnhöfe in Prien, Bernau und Übersee
Länge: 60 km
Streckencharakteristik: Die Marathontour rund um das Bayerische Meer verläuft überwiegend auf Radwegen und nur abschnittsweise auf öffentlichen Straßen. Weitgehend gemütlicher Streckenverlauf.
Höhenunterschied: Nicht nennenswert
Sehenswürdigkeiten:
- Ausflug zur Fraueninsel oder Herreninsel von Gstadt oder Prien-Stock
- Römermuseum in Seebruck
- Schloss und Gutshof in Ising

Einkehrmöglichkeiten:
- Landgasthof Schalchenhof, Gstadt-Schalchen, Tel. 08054/230, Mittwoch Ruhetag
- Landgasthof Lambach, Seebruck, Tel. 08667/87990, Dienstag Ruhetag
- Gasthof Unterwirt, Chieming, Tel. 08664/98460, Montag und Dienstag Ruhetag
- Gasthof Fischer am See, Prien, Tel. 08051/90760, Montag Ruhetag

Karten:
- Chiemsee und Umgebung, Bayerisches Landesvermessungsamt München, 1 : 50 000
- Fritsch Wanderkarte, Grenzenlos zwischen König und Kaiser, 1 : 50 000

Nach einem kurzen Abschnitt auf der Straße geht es dann nach rechts in die Hirschauer Bucht durch das Naturschutzgebiet.

Nächste Station ist Feldwies. Am Strandbad vorbei fährt man ein längeres Stück direkt neben der Autobahn, wechselt auf die Südseite der Schnellstraße und erreicht schließlich Felden.

Der letzte Abschnitt bis Prien führt durch das Bernauer Moos. Man kommt schließlich zur Harrasser Straße. Vorbei an eleganten Landhäusern, Krankenhaus und Yachthafen geht es bis nach Prien-Stock und zum Ausgangspunkt dieser langen und abwechslungsreichen Tour.

13) Zwischen Chiemsee, Hochries und Kampenwand

Frasdorf – Aschau – Prien – Frasdorf

Die Gegend um Chiemsee und Kampenwand ist ein beliebtes Urlaubs- und Ausflugsziel. Nicht ohne Grund, denn das „Bayerische Meer" und der markante Berggipfel mit den breiten Felszacken umrahmen eine landschaftlich reizvolle Region. Für Radtouren sind solche Ecken wegen des lebhaften Verkehrs nicht gerade geeignet. Es sei denn, man weiß einige ruhige Schleichwege. Und genau die bestimmen diese Runde.

Los geht es wieder in Frasdorf am Fuß der Hochries, des Hausbergs der Rosenheimer. Über den Radweg entlang der Straße fährt man ohne große Anstrengungen bis nach Aschau. Gleich nach der Brücke über die Prien biegt man links in die Bernauer Straße ab, passiert etliche Kurven, fährt an der Kinderklinik vorbei und nimmt am Ortsende den Radweg. Zur Rechten thront die Kampenwand. Von weitem grüßt das Schloss Hohenaschau.

Etwa einen Kilometer hinter Innerkoy verlässt man die Hauptstraße und biegt in einer unübersichtlichen Kurve links in Richtung Spöck ab. Jetzt sind kräftige Wadeln gefragt, denn es geht steil bergauf, dann am Bärnsee vorbei und über Spöck bis zur Autobahn, die auf einer schmalen Brücke überquert wird. Auf der Nordseite kommt man bald nach Kothöd, einem ruhigen Flecken mit alten Bauernhöfen. Dort geht es an der Kreuzung nach links, man genießt bald darauf den ersten Ausblick auf den Chiemsee und

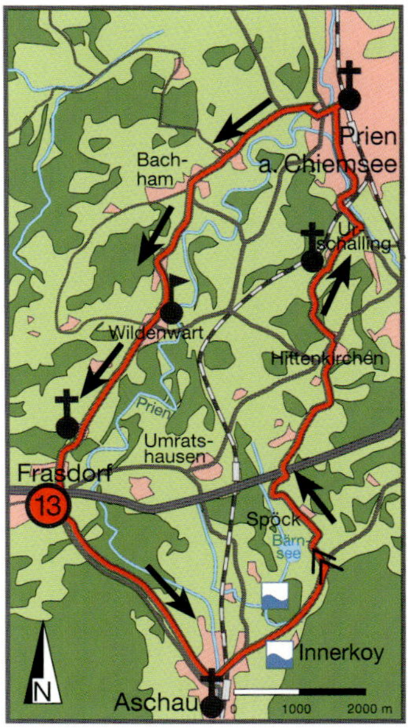

erreicht nach kurzer Fahrt Hittenkirchen.

Wer jetzt schon müde ist, kann sich im hiesigen Landgasthof stärken. Notwendig ist es nicht, denn hier oberhalb des Chiemsees mangelt es nicht an Wirtshäusern.

Weiter geht es ein kurzes Stück auf der Hauptstraße, dann zweigt der Weg links ab und führt durch dichten Wald über Schmieding in Richtung Urschalling. Das kleine Dorf oberhalb von Prien hat zwei recht unterschiedliche Sehenswürdigkeiten.

Da wäre einmal die Kirche St. Jakobus mit 800 Jahre alten Fresken, die zu den bedeutendsten Kirchenmalereien im Chiemgau

Die weitläufige Anlage des Schlosses Hohenaschau kann teilweise besichtigt werden.

gezählt werden. Wesentlich profaner ist da schon die andere Attraktion. Der Wirt zu Urschalling heißt Simmerl und ist wegen seines zünftigen bayerischen Lokals bekannt und zur Sommersaison auch gut besucht.

Von Urschalling fährt man bergab in Richtung Prien, biegt aber dann links in einen schmalen Weg ab. Der Ortsrand von Prien ist bald erreicht. Wer sich für Kultur interessiert, kann einen Abstecher in die Galerie im Alten Rathaus oder ins Heimatmuseum machen. Es bietet sich auch ein Ausflug über die Seestraße zum Chiemseeufer und zum Strandbad an.

Der Rückweg nach Frasdorf geht freilich in die entgegengesetzte Richtung. Vom Markt-

Auf einen Blick

Start und Ziel: Ortszentrum von Frasdorf
Verkehrsverbindungen: Bahnhöfe in Prien und Aschau
Länge: 22 km
Streckencharakteristik: Abwechslungsreiche Radtour größtenteils auf ruhigen Nebenstraßen. Nur wenige kurze Anstiege. Am Wochenende etwas Verkehr zwischen Prien, Wildenwart und Frasdorf.
Höhenunterschied: Ca. 100 m
Sehenswürdigkeiten:

- Pfarrkirche in Aschau
- Kirche St. Jakobus in Urschalling
- Galerie im Alten Rathaus in Prien
- Heimatmuseum Prien

Einkehrmöglichkeiten:

- Langasthof Hittenkirchen, Tel. 0 80 51 / 23 91, Sonntag und Montag Ruhetag
- Gasthof Mesnerstubn, Urschalling, Tel. 0 80 51 / 39 71, Dienstag Ruhetag
- Schlosswirtschaft Wildenwart, Tel. 0 80 51 / 27 56, Montag und Dienstag Ruhetag

Karten:

- Chiemsee und Umgebung, Bayerisches Landesvermessungsamt München, 1 : 50 000
- Fritsch Wanderkarte, Grenzenlos zwischen König und Kaiser, 1 : 50 000
- Radeln im Rosenheimer Land und in Tirol, Kartographischer Verlag Huber, Kiefersfelden, 1 : 60 000

platz fährt man links, biegt beim Chiemsee-Markt wieder links in Richtung Wildenwart ab. Über St. Salvator und Bachham fährt man auf der stellenweise recht kurvigen Straße bis nach Wildenwart. In einer scharfen Rechtskurve erkennt man links das prachtvolle Schloss Wildenwart, ein Bau aus dem 17. Jahrhundert, der im Besitz der Wittelsbacher ist, aber leider nicht besichtigt werden kann.

Wesentlich leichter ist der Zutritt zur Schlosswirtschaft, die mit gemütlichen Stuben und einer bekannt guten, leicht veredelten bayerischen Küche lockt. Für eine Brotzeit ist die Wirtschaft gerade recht, denn die letzten Kilometer bis nach Frasdorf sind nicht mehr sehr anstrengend. Einige Kurven und ein kurzer Anstieg, und man erreicht die Autobahnausfahrt, biegt nach der Unterführung rechts ab und landet wieder am Ausgangspunkt dieser Tour.

14) Die Samerberg-Runde

Frasdorf – Duftbräu – Steinkirchen – Frasdorf

Der markante Gipfel der Hochries und daneben Karkopf, Feichteck und Heuberg umrahmen die Bilderbuchlandschaft des Samerbergs. Kein Wunder, dass der Samerberg bei Einheimischen wie auch bei Urlaubern ein beliebtes Ausflugsziel ist. Und dazu ein ideales Gelände für eine Radtour, die zwar einige sportliche Ansprüche stellt, dafür aber mit urigen Dörfern und etlichen beeindruckenden Aussichtspunkten belohnt.

Ausgangspunkt der Tour ist das verkehrsgünstig neben der Autobahn München – Salzburg gelegene Frasdorf. Vom Ortszentrum neben der Kirche geht es zunächst ein kurzes Stück

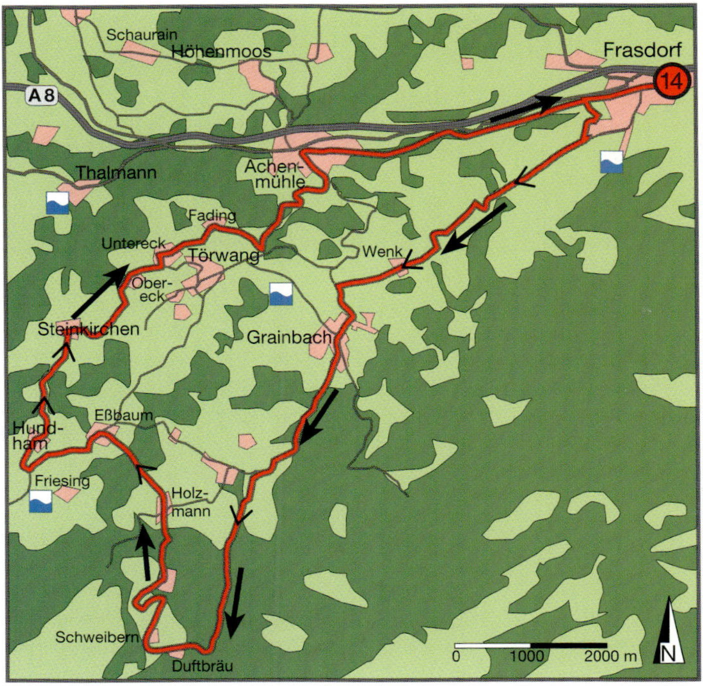

auf der Hauptstraße nach Westen in Richtung Achenmühle. Am Ortsrand biegt man bei der Metzgerei Bauer links ab und folgt der Straße in Richtung Grainbach, vorbei am noblen Restaurant Karner.

Gleich zu Beginn wollen auf den ersten 3 Kilometern einige kürzere Anstiege bis zum Weiler Wenk absolviert werden. Dort hat man dann die Hochebene des Samerbergs erreicht. Vorbei geht es an einigen Bauernhöfen, und nach einer kurzen Abfahrt biegt man links in die Hauptstraße ein und erreicht wenig später Grainbach. Weiter geht es geradewegs durch den Ort, vorbei am Gasthof Maurer, kurz danach rechts ab in Richtung Duftbräu.

Nach einem längeren flachen Abschnitt von gut 2 Kilometern heißt es vor dem Parkplatz Spatenau wieder kräftig in die Pe-

Der markante Kirchturm von Grainbach ist ein idealer Orientierungspunkt bei Radtouren auf dem Samerberg.

dale treten. Noch einige enge Kurven und kurze Bergauf- und Bergabstücke, dann ist der Duftbräu, ein rustikaler Berggasthof mit einer großen Terrasse und einer weitläufigen Pferdekoppel davor, erreicht.

Ob man nun einkehrt oder gleich weiterfährt, jetzt ist Erholung angesagt, denn die folgende Passage über Ried im Winkl bis Holzmann führt fast ausschließlich bergab. Kurz nach Schweibern eröffnet sich ein herrlicher Blick auf den westlichen Samerberg und das angrenzende Inntal. Auch nach Holzmann kann man das Rad bergab in Richtung Eßbaum rollen lassen, bis dann wieder ein kurzer Anstieg folgt. An der Kreuzung fährt man links, folgt der Straße bis kurz vor Rossholzen und zweigt dann nach rechts ab. Die Straße über Hundham nach Steinkirchen führt vorbei an schönen alten

Bauernhöfen und vermittelt einem mit einigen Anstiegen, dass man ja eigentlich im Bergland ist. Der Aussichtspunkt bei der Kirche in Steinkirchen ist eine echte Belohnung für die Mühe.

Von Steinkirchen kann man übrigens einen kleinen Abstecher zum Dandlberg und zur Dandlbergalm, einem idyllischen Gasthof, machen. Allerdings ist die Strecke vom benachbarten Weiler Dorfen ein, wenn auch weitgehend flacher, aber doch etwas steiniger Waldweg. Kein Fall also für sensible Rennräder.

Doch zurück zur Tour. Die weitere Fahrt von Steinkirchen bis zur Aussichtskapelle bei Obereck oberhalb von Törwang wird nun wieder deutlich gemütlicher. Gleich hinter dem Parkplatz verlässt man die Straße nach links und fährt über Untereck und Fading bis Lues, biegt dort dann nach links und genießt die Aussicht bei einer steilen Abfahrt nach Achenmühle.

Die letzten knapp 5 Kilometer bis nach Frasdorf fährt man auf einem flachen Radweg neben der belebten Hauptstraße, die man allerdings auf halber Strecke in einer Kurve kreuzen muss. Was man deshalb auch mit besonderer Vorsicht tun sollte.

Auf einen Blick

Start und Ziel: Ortszentrum von Frasdorf
Länge: 28 km
Streckencharakteristik: Ziemlich sportliche Radtour auf asphaltierten Straßen. Längere Anstiege zwischen Frasdorf und Grainbach sowie Hundham und Steinkirchen.
Höhenunterschied: Ca. 300 m
Sehenswürdigkeiten:
- Alte Bauernhöfe in Hundham
- Dorfkirche in Steinkirchen
- Aussichtskapelle oberhalb von Frasdorf

Einkehrmöglichkeiten:
- Gasthof Maurer, Grainbach, Tel. 0 80 32 / 82 12, Dienstag Ruhetag
- Berggasthof Duftbräu, Tel. 0 80 32 / 82 26, Donnerstag Ruhetag
- Gasthof zur Post, Törwang, Tel. 0 80 32 / 86 13, Dienstag Ruhetag, ab März Dienstag und Mittwoch Ruhetag

Karten:
- Chiemsee und Umgebung, Bayerisches Landesvermessungsamt München, 1 : 50 000
- Fritsch Wanderkarte, Grenzenlos zwischen König und Kaiser, 1 : 50 000

Das letzte Stück ist schließlich schnurgerade und flach, und man hat das Ziel schon bald im Visier.

Der Anstieg nach Steinkirchen hat es in sich, wird aber mit einer herrlichen Aussicht belohnt.

15) Die Drei-Täler-Runde

Frasdorf – Sachrang – Niederndorf – Nußdorf – Frasdorf

Durch drei Täler, das Prien-, Inn- und Achental, führt diese Marathonrunde um das Hochries-, Heuberg- und Spitzsteingebiet. Sie mag auf den ersten Blick ziemlich alpin und entsprechend schweißtreibend wirken. Tatsächlich begnügt sich die Tour mit ausgesprochen moderaten Anstiegen und belohnt dafür mit interessanten Stationen und herrlichem Gebirgs-

Postkartenidylle bei Sachrang mit dem Wilden Kaiser als perfekter Kulisse.

panorama. So viel zum Charakter dieser Strecke.

Ausgangspunkt ist das Ortszentrum von Frasdorf. Von dort startet man in Richtung Aschau und biegt kurz nach der Tankstelle am Ortsrand in den Radweg ein, der auf der Höhe des Sagbergs die Fahrbahnseite wechselt. Ziemlich gemütlich geht es weiter bis nach Aschau, wo man die Wahl hat zwischen der lebhaften Hauptstraße und einer wesentlich reizvolleren Variante, die am Ortseingang beim Friedhof rechts abzweigt, kurz bergauf an der Kirche vorbei über die Zellerhornstraße, dann auf der Höhe der Burg über die Schlossbergstraße bis nach Hohenaschau führt.

Ein kurzer Anstieg, dann geht es weiter bis nach Sachrang, teils auf der Straße, teils auf dem neu angelegten Radweg. Nach dem ehemaligen Zollhaus

Schulzimmer mit Aussicht:
Das Schloss Neubeuern beherbergt
ein Internat.

Auf einen Blick

Start und Ziel: Ortszentrum von Frasdorf
Verkehrsverbindungen: Bahnhöfe in Oberaudorf und Aschau
Länge: 52 km
Streckencharakteristik: Abwechslungsreiche und relativ lange Tour auf asphaltierten Straßen und Radwegen. Kurze Passagen auf grobem Untergrund (Inndamm bei Nußdorf).
Höhenunterschied: Ca. 200 m
Sehenswürdigkeiten:
- Pfarrkirche Aschau
- Schloss Hohenaschau
- Ölbergkapelle bei Sachrang
- Wildpark Wildbichl,
- Marktplatz in Neubeuern

Einkehrmöglichkeiten:
- Gasthof Wildbichl, Niederndorfer Berg, Tel. 00 43/53 73/6 22 33, Dienstag Ruhetag
- Gasthof Blaue Quelle, Erl, Tel. 00 43/53 73/81 28, Montag und Dienstag Ruhetag

Karten:
- Chiemsee und Umgebung, Bayerisches Landesvermessungsamt München, 1 : 50 000
- Fritsch Wanderkarte, Grenzenlos zwischen König und Kaiser, 1 : 50 000
- Radeln im Rosenheimer Land und in Tirol, Kartographischer Verlag Huber, Kiefersfelden, 1 : 60 000

verläuft die Strecke auf der Tiroler Seite recht flach. Der Gasthof Wildbichl zur Linken bietet sich als erste Raststation an.

Bald öffnet sich der Blick am Niederndorfer Berg auf die Kufsteiner Region. Eine lange Abfahrt endet an der Kreuzung beim bekannten Sebiwirt. Weiter geht es nach rechts gut einen Kilometer bis nach Niederndorf.

Dort empfiehlt es sich, an der scharfen Linkskurve im Ort rechts den Abkürzer zu nehmen, der nach gut 2 Kilometern auf die Straße nach Erl stößt. Vorbei am alten Zollhaus und dem bekannten Gasthof Blaue Quelle, bis rechts das berühmte Passionsspielhaus auftaucht.

Vorbei an alten Bauernhöfen in Erl nimmt die Straße einen kurzen Hügel und verläuft ziemlich gerade und flach weiter bis zur ehemaligen Grenze in Windshausen.

Ziemlich abwechslungsreich ist die Strecke bis nach Nußdorf. Dort kann man entweder auf der Hauptstraße bis nach Neubeuern radeln. Ruhiger ist es aber, einen kleinen Umweg auf dem Inndamm zu machen. Lohnenswert ist in jedem Fall der kurze Anstieg bis zum historischen Zentrum von Neubeuern, wo man im Schatten der Bäume oder in einem Biergarten pausieren kann. Notwendig ist es nicht, denn das letzte Stück der Tour stellt keine großen Ansprüche mehr.

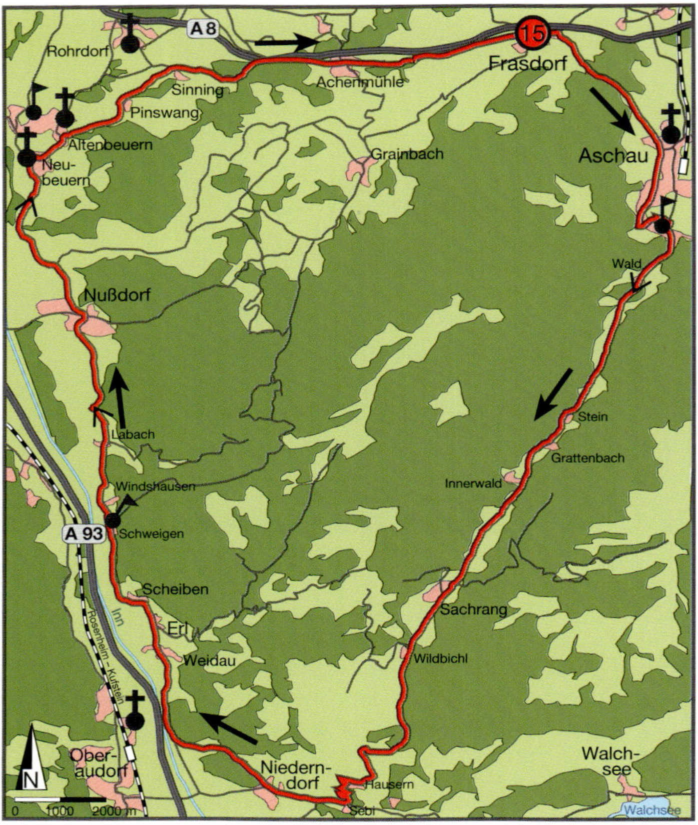

In Altenbeuern biegen wir ein Stück hinter der engen Linkskurve im Ort rechts ab Richtung Pinswang. Dort nicht geradeaus bergauf, sondern halb links weiter, bis wir beim Zementwerk bei Sinning auf die Straße stoßen. Von dort ist der Weg Richtung Frasdorf einfach zu finden.

Von Achenmühle bis zum Ziel nach Frasdorf gibt es einen gemütlichen Radweg. Nur auf halber Strecke, wo der Radweg die Straße kreuzt, sollte man auf den Autoverkehr achten. Für die letzten 2 Kilometer hat man dann schon den Kirchturm von Frasdorf im Visier, und das Ziel ist bald erreicht.

Bildnachweis

Klaus G. Förg, Rosenheim:
S. 12/13, 16/17, 23, 30, 32/33, 67, 74/75

Thomas Rothneiger, Kolbermoor:
S. 20, 84/85

Peter Schlecker, Stephanskirchen am Simssee:
S. 14, 29, 61

Kurt Schubert, Prien am Chiemsee:
Titel, S. 9, 10, 24/25, 34/35, 38/39, 44/45, 47, 48/49, 51, 54/55, 64/65, 68/69, 70/71, 78/79, 80/81, 82/83

Georg Weindl, Rosenheim:
S. 40/41, 58/59

Übersichtskarten: Ariane Walz, Würzburg
Seitenlayout und Satz: Impressum GmbH, München
Lithographie: reproteam siefert, Ulm-Böfingen
Einband-Layout und -Lithographie: Simon Print Medien Service GmbH, Rosenheim
Druck und Bindung: Druckerei Uhl, Radolfzell
Printed in Germany

ISBN 3-933708-02-8